Robert Jordan

Visionsorientiertes Mentaltraining

Robert Jordan

Visionsorientiertes Mentaltraining

Erschaffung der gewünschten Realität

Trainerverlag

Impressum / Imprint
Bibliografische Information der Deutschen Nationalbibliothek: Die Deutsche Nationalbibliothek verzeichnet diese Publikation in der Deutschen Nationalbibliografie; detaillierte bibliografische Daten sind im Internet über http://dnb.d-nb.de abrufbar.

Bibliographic information published by the Deutsche Nationalbibliothek: The Deutsche Nationalbibliothek lists this publication in the Deutsche Nationalbibliografie; detailed bibliographic data are available in the Internet at http://dnb.d-nb.de.

Coverbild / Cover image: www.ingimage.com

Verlag / Publisher:
Der Trainerverlag
ist ein Imprint der / is a trademark of
OmniScriptum GmbH & Co. KG
Heinrich-Böcking-Str. 6-8, 66121 Saarbrücken, Deutschland / Germany
Email: info@verlag-trainer.de

Herstellung: siehe letzte Seite /
Printed at: see last page
ISBN: 978-3-8417-5104-1

Inhaltsverzeichnis

1. Einleitung

Lange bevor ich anfing mich mit dem Thema Mentaltraining zu beschäftigen interessierten mich Informationen über dieses spannende Thema. Bei vielen Teilgebieten waren und sind die Informationsquellen extrem umfangreich. Praktisch alle Themenkomplexe, die in dieses Gebiet fallen, sind leicht zu finden.

Als mein Mentaltrainer-Ausbilder, Dr. phil. Mayer Gernot, im Zuge eines Seminares anregte ein Buch zu schreiben, sah ich ein Thema sofort vor mir.

VoVa

Visionsorientierte Veränderungsarbeit

Annegret Hallanzy entwickelte die Methode Visionsorientierte Veränderungsarbeit. VoVa ist eine hervorragende Prozedere für Systemische Arbeit.

VOVA gestattet einen sehr tiefgehenden Prozess, obwohl noch keine Therapie und demzufolge formt sich eine wegweisende Entfaltung für die Zukunft.

VOVA bedeutet auch eine innige Konfrontation mit

1. der eigenen Individualität
2. der Auflösung von (fremden) Glaubenssätzen und
3. dem Lösen von alten Blockaden.

Die Erschaffung einer erwünschten Lebensvision als starker Magnet steht im Vordergrund. Mit Visionsorientierter Veränderungsarbeit helfe ich als Mentaltrainer dem Klienten auf den richtigen Weg, sowie die stimmenden Abzweigungen zu finden und die erforderliche Kraft aufzubringen, sich auch sehr unangenehmen vergangenen Lebenssituationen und unerwünschter Prägungen zu stellen.

VOVA ist eine besondere Chance, ich stehe Ihnen mit diesem Tool gerne zur Seite!

1.1. Der Geist beeinflusst die Materie

Ein wissenschaftliches Experiment

Beeinflusst der Geist nun die Materie, oder doch nicht? Zu diesem Themabereich gibt es mannigfache Meinungen und auch fundiert wissenschaftliche. Und genau diese werde ich kurz vorstellen!

Das „PEAR-Institut" (Princeton Engineering Anomalies Research) hat in einem mehrere Jahre dauernden Projekt[1], Analysen von "Abweichungen" bei der Zusammenwirkung von Menschen und Maschinen erforscht. Untersucht wurde, ob eine rein geistige und willentliche Beeinflussung eines physikalischen Zufallsgenerators möglich ist. Im Grunde genommen wurden verschiedene Frauen und Männer aufgefordert, ein bestimmtes Ergebnis (0 oder 1) des Zufallsgenerators zu "fixieren". Auf welche Art und Weise sie das geistig fertigbringen wollten, stand ihnen frei. Das Ergebnis

[1] Quelle: „www.princeton.edu/~pear/experiments.html".

dieser Versuchsreihe mit beinahe 2,5 Mio Einzeldaten verblüffte. Die "Absicht" des Probanden wies eine bedeutsame Einflussnahme auf das Verhalten des Zufallsgenerators auf. Der Effekt war äußerst minimal. Trotzdem, er kann nicht einfach ignoriert werden. Für verschiedene technische Anwendungen bedeuten selbst kleinere Abweichungen eine enorme Veränderung! Wenn man nun bedenkt, dass in chaotischen Systemen bereits eine winzige Umgestaltung der Anfangsbedingungen (Startzustände) reicht, um ein gänzlich anderes Resultat hervorzurufen, darf man sich den Versuch gern im Detail anschauen.

Die Versuchspersonen wiesen keine besonderen Fähigkeiten auf. Interessanterweise spielte die örtliche Entfernung (auch tausende Kilometer) des Versuchsteilnehmers zum Zufallsgenerator praktisch keine Rolle.

Wenn man nun durch diese wissenschaftliche Studie auf hohem Niveau dokumentiert, dass eine bewusste mentale Einflussnahme einen physikalischen Vorgang beeinflussen kann, wozu ist der Mensch in der Lage? Was, wenn er übt und diese offensichtlich grundsätzliche Fähigkeit trainiert?

1.2. *Alles ist Geist*

Mentaltraining wirkt

> ***Alles ist GEIST.***
>
> ***Die Entstehung allen LEBENS ist unendlicher SCHÖPFERGEIST.***
>
> ***GEIST herrscht über Materie.***
>
> ***Zwischen Geist und Materie ist Funktion.***
>
> ***Funktion ist Ordnung.***
>
> (Abgeleitet von den Hermetischen Gesetzen)

Bedeutende Menschen sehen es ähnlich:

Max Planck, ca. 1932, Kongress in Florenz

„Meine Herren, als Physiker, der sein ganzes Leben der nüchternen Wissenschaft der Erforschung der Materie widmete, bin ich sicher von dem Verdacht frei, für einen Schwarmgeist gehalten zu werden. Und so sage ich Ihnen nach meinen Erforschungen des Atoms dieses: Es gibt keine Materie an sich. Alle Materie entsteht und besteht nur durch eine Kraft […] Wir müssen hinter dieser Kraft (die alles zusammenhält) einen bewussten, intelligenten Geist annehmen. Dieser Geist ist Urgrund aller Materie. Nicht die sichtbare, aber vergängliche Materie ist das Reale, Wahre, Wirkliche – denn die Materie bestünde ohne den Geist überhaupt nicht -, sondern der unsichtbare, unsterbliche Geist ist das Wahre!“

George Wald (Nobelpreisträger Biologie) 1984

„Der Geist ist nicht eine späte Folgeerscheinung der Evolution des Lebens, sondern hat schon immer existiert ..., als Quelle und Voraussetzung für unsere physische Wirklichkeit. Der Geist hat ein physisches Universum geschaffen, welches seinerseits das Leben hervorgebracht hat, und auf diese Weise entwickelten sich schließlich Lebewesen, die Bewusstsein tragen und schöpferisch handeln.“

Albert Einstein (Nobelpreisträger Physik)

„Jeder, der sich ernsthaft mit der Wissenschaft beschäftigt, gelangt zu der Überzeugung, dass sich in den Gesetzen des Universums ein Geist manifestiert.“ „Der erste Schluck aus dem Becher der Wissenschaft macht atheistisch, aber am Grund des Bechers wartet Gott“

Eugene Wigner (Nobelpreisträger Physik):

„Die Quantenphysik beweist die Existenz eines universellen Bewusstseins.“ Das Individuum als eine Materie-Konstruktion in Raum und Zeit ist also nach Maßgabe der Neuen Physik (Quantenphysik und Stringphysik) das Produktionsergebnis eines universell erscheinenden „Geistes“.

Wenn der Geist der Ursprung ist, ist es völlig logisch, bei auftretenden Problemen, seien sie gesundheitlicher, beruflicher oder privater Natur, mit Mentaltraining eine positive Änderung zu bewirken.

Meine Theorie:

1. Wenn am Anfang Nichts war, dann müsste dieses Nichts eine UR-Essenz sein. Alles Wissen und alle Macht (ist) potenziell vorhanden aber (noch) nicht formiert.
2. Die erste Handlung müsste folglich die Entscheidung sein: „Ich bin!“ So formierten sich ein oder (verschiedene) mehrere „Ich bin“ ohne Raum, ohne Zeit, ohne Wellenlänge mit der Fähigkeit zu postulieren. Alles in sich wissend und reine Ursache, eine Singularität. Wissen, Bewusstsein, Atman[2], Veda, ...
3. Raum entsteht wenn die Singularität Energiepartikel erschafft. Diese Partikeln beinhalten die Ideen oder Ansichten seines Schöpfers. Je mehr Energiepartikel und je weiter verstreut diese sind, umso größer wird der Raum.
4. Zeit ist eine Betrachtung des Schöpfers, der Singularität, die scheinbar vergeht wenn es seine Aufmerksamkeit von einem Energiepartikel zum anderen bewegt. Sie existiert nicht tatsächlich wird aber an Bewegung gemessen.
5. Realität wäre im Wesentlichen Übereinstimmung mit etwas über etwas.
6. Um ein Spiel zu haben müsste die Singularität ein Wesen erschaffen ähnlich sich selbst, aber nicht Allwissend und nicht Allmächtig. Ein geistiges Wesen, eine Entität oder Seele die von der Singularität durch ein Feld von Nichtwissen getrennt ist, aber etwas darüber weiß. Es muss lern- und erkenntnisfähig sein. (Um schlussendlich zum Ursprung aufzusteigen bzw. zurückzukehren)

---

[2] Atman (urspr.: Lebenshauch, Atem) ist ein Begriff aus der indischen Philosophie. Er bezeichnet das individuelle Selbst, die unzerstörbare, ewige Essenz des Geistes. Quelle: "de.wikipedia.org/wiki/Atman":

7. Die erste Absicht müsste sein, das Erschaffen einer Ursache
8. Die zweite Absicht müsste sein, das Erleben einer Wirkung (seiner eigenen Ursache) und so entsteht Erfahrung.
9. Chaos wird beendet indem zwischen den (erschaffenen) Energiepartikeln, die als Ankerpunkte (+ und - Kombinationen) betrachtet werden können, als materielles Universum und der Singularität (Schöpfer), Funktion als Ordnungselement einfügt wird.
10. Das größte Vergnügen wäre demnach das Lösen von Problemen bzw. die dabei gemachten Erfahrungen.
11. Durch Ignorieren entsteht das „Böse" und eine Abwärtsspirale, unterstützt durch unbewusste oder unbekannte „fremde oder eigene Betrachtungen, Verzerrungen" in eigenen oder gemeinsamen Kreationen.
12. Kommunikation ist demzufolge vom Ursachepunkt aus eine Idee (Vorstellung) zum Empfangspunkt zu senden, um dort Realität zu erzeugen. Folglich: Jedes Problem entsteht durch unterlassene, unvollständige, falsche, irreführende, nicht oder verändert duplizierte Kommunikation. Jedes Problem kann durch Kommunikation gelöst werden.
13. Durch Visionsarbeit zur Realitätsoptimierung im Mentaltraining löst man Blockaden und „im Jetzt" unerwünschte oder störende Glaubenssätze und erzeugt eine gewünschte Realität. Folglich erschafft man so eine gewünschte Zukunft.
14. Funktion und Materie sind der Singularität nicht unähnlich, haben aber eigene Gesetze denen sie unterliegen. Da diese auch von vielen Schöpfern gemeinsam erschaffen wurden oder viele damit übereingestimmt haben, sind sie nicht so leicht zu beeinflussen. So ist es leichter oberhalb davon, auf einer höheren Schwingung (Existenzebene) eine neue Realität zu erschaffen.

1.3. Spieglein, Spieglein an der Wand ....

> *Glaubenssätze steuern die Erfahrungen*
> *die jemand mit seiner Umwelt macht.*

Was in der Umgebung jemandes macht jemanden wütend, traurig, oder ohnmächtig?
Gibt es irgendwelche Krankheiten oder Missstände?
Wenn ja, hat sich der Betroffene schon mal nach deren Bedeutung erkundigt?

Denn...

„Wie Oben so Unten – Wie unten so Oben!“[3]

Demnach auch – „Wie Innen so Außen oder wie Außen so Innen!“

Alles was in unserem Leben ist, ist ein Spiegel unserer Seele.

Forsche in deinen Gedanken und analysiere deine Antworten genau. Schau in dich und frage dich selbst, was dir diese Verhaltensweisen und Antworten nun sagen möchten, welche Bedeutung sie für dich haben.

---

[3] Atkinson, William Walker: Das Original Kybalion – Die 7 Hermetischen Gesetze

Spiegel bedeutet, dass deine Welt um dich, sei es nun ein Tier, ein Mensch, eine Situation oder ein Gegenstand, IMMER das Abbild deiner Selbst ist.

Das Spiegelbild besteht aus der Manifestation deiner Gedanken und Übereinstimmungen. Da kann man auch ein Abbild seiner unbewussten oder auch verdrängten Wahrheiten erkennen.

Laufen die Dinge nicht so wie du denkst?
Denk´anders

Egal was dem Klienten im Außen auch begegnet, es ist das Ergebnis seiner geistigen Welt! Geprägt von den eigenen bewussten und unbewussten Gedanken und Einstellungen. Im Wesentlichen zeigt es die eigene Übereinstimmung. Vieles von schlechten Erfahrungen wird durch ANGST VON ... erzeugt! Angst ist ein Urtrieb. Er schützte uns vor langer Zeit vor Gefahren. Heute ist Angst sehr gegenwärtig. Weniger die Angst von einem Tier gerissen zu werden, als die Angst um Hab und Gut, die Angst zu versagen, die Angst nicht zu genügen, Angst vor Krieg, vor Fremdem, ...
Zum Beispiel die Angst vor Terrorismus lässt uns zustimmen, dass Grundrechte abgeschafft werden.

Hinschauen, konfrontieren und nicht das Negieren oder Schuldzuweisungen helfen aus der Sackgasse in eine bessere Zukunft.

Mein Ziel ist es den Menschen durch Mentaltraining so in Kommunikation mit seiner Umwelt zu bringen, dass er die Kraft und Fähigkeit gewinnt, eigene Betrachtungen zu erschaffen, erschaffene Betrachtungen zu optimieren oder diese aufzulösen wenn sie nicht mehr passen.

2. Mentaltraining

> *„Geist (sowie Metalle und Elemente) kann verwandelt werden von Zustand zu Zustand, von Grad zu Grad, von Lage zu Lage, von Pol zu Pol, von Schwingung zu Schwingung.“* [4]

Mentaltraining ist eine Methode der positiven Gestaltung des Lebens – die bewusste Steuerung des eigenen Denkens, Wollen und Tuns – eine systematisch strukturierte Methode, die es ermöglicht, das Schicksal in die eigene Hand zu nehmen. Dabei werden gezielt geistige Fähigkeiten genutzt um bestehende Probleme und Konflikte zu lösen sowie Ziele und Wünsche zu verwirklichen.

„Mental“ beinhaltet das lat. Wort „mens“ = den Geist betreffend". „Training“ bedeutet erlernbare Fertigkeiten, auf den Sport bezogen seine Leistungskraft, durch regelmäßiges Üben, zu verstärken. Beim Mental-Training werden also insbesondere geistige Fähigkeiten trainiert und weiterentwickelt. Man fängt in seinem „Inneren“ an und macht es im „Außen“ mehr oder weniger sichtbar, je nachdem was eben trainiert wird.

---

[4] Atkinson, William Walker: Das Original Kybalion – Die 7 Hermetischen Gesetze

Es geht nicht nur um die Konzentration und das Erreichen äußerer Ziele, sondern auch um seelisches und geistiges Wachstum, körperliche und emotionale Gesundheit und die Überwindung von Negativem. Im Wesentlichen steht der Erfolg auf drei Säulen um es einmal bildlich auszudrücken.

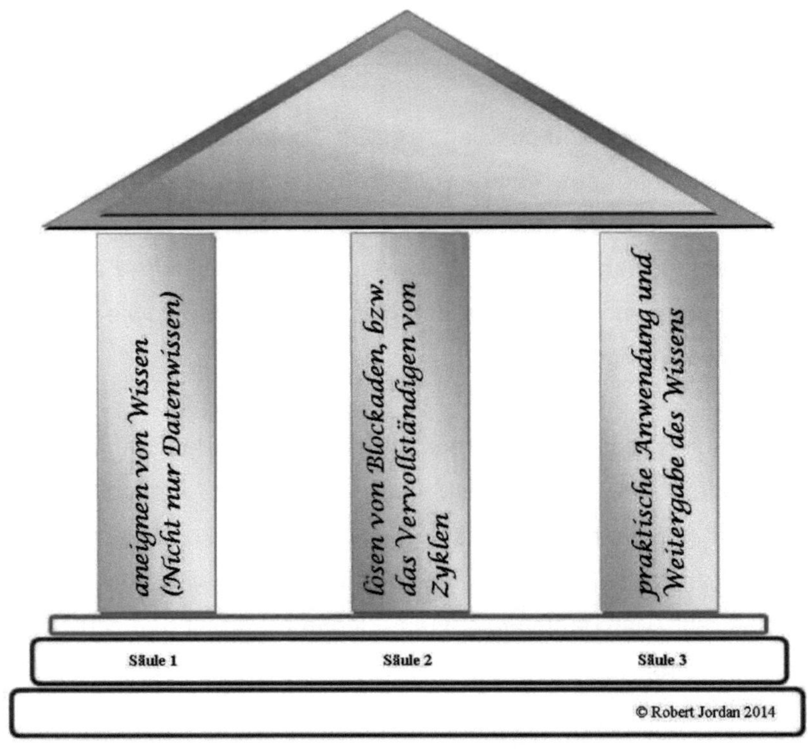

Abbildung 1: Säulen des Erfolgs

Mentales Training

- ☺ fördert Bewusstsein und hilft auch bewusster zu leben
- ☺ aktiviert Stärken und noch verborgenes Potential
- ☺ verbessert Kommunikation mit anderen und sich selbst
- ☺ hilft Talente zu entdecken und zu beflügeln
- ☺ beinhaltet Techniken, die gezielt auf allen Bewusstseins-ebenen wirken
- ☺ hilft Gewohnheiten und Einstellungen zu optimieren
- ☺ hilft Ziele richtig zu beschreiben und zu erreichen
- ☺ hilft die eigene und erwünschte Realität zu erschaffen

2.1. Geistige Orientierung

Nach dem Tod unserer irdischen Körpers bestehen wir weiter. Daher ist die vernunftmäßigste Annahme, dass wir unzählige Existenzen leben. Alles andere, wäre völlig absurd und eine Vergeudung von Lebensenergie.

Folgt aber in der Zukunft eine Existenz, dann ist die logische Schlussfolgerung, dass man auch vorher schon Existenzen hatte. Vielleicht verhindert ein Mechanismus, sich daran zu erinnern.

Wenn wir unsterbliche Seelen oder Geister sind, dann gibt es nur zwei Möglichkeiten:

- ☹ wir sind Schöpfungen, aufgezogene Spielfiguren vom Schöpfer auf den Weg geschickt, oder dass
- ☺ wir Teile des Schöpfers sind.

Die Schemen unserer kreativen Macht, die wir hierher mitgenommen haben - ob das herrliche Symphonien, wunderbare Gemälde, lebendige Literatur oder Erfindungen sind - zeigen, dass wir die Befähigungen zum Erschaffen besitzen. Und die Verarbeitung unserer eigenen Realität in unseren Träumen zeigt, dass Erschaffen von fassbaren Formen aus dem Nichts möglich werden kann.

Da wir erschaffen können, sind wir also Erschaffer und nicht das Erschaffene. Das bedeutet wiederum, dass wir Teile oder Ebenbilder von Gott sind, Teile seines Bewusstseins, die innerhalb der erschaffenen Universen gefangen sind. Und sei es nur durch Übereinstimmung.

"Da alles im All ist, ist es gleicherweise wahr,
dass das All in allem ist.
Dem, der diese Wahrheit wirklich versteht,
ist große Weisheit gekommen." [5]

Wenn die Menschen Gottes Ebenbild sind, dann müsste dieses Ebenbild ohne Körper sein, denn wie könnte man Gott in einen Körper sperren? Und dieses Ebenbild müsste imstande sein zu erschaffen, denn die Materie und Energie innerhalb der Universen erschaffen sich nicht selbst.

Wenn wir ein Teil vom Schöpfer sind, wie sind wir vom gottesähnlichen Zustand herab gesunken, denn der Schöpfer würde wohl nicht im Zustand des Gefangenseins anfangen. Das enthüllt uns, dass das Problem auf einer hinzugefügten Blockade beruhen muss, anstelle auf dem anfänglichen Fehlen von Fähigkeiten. Auf den Punkt gebracht, die

---

[5] Atkinson, William Walker: Das Original Kybalion – Die 7 Hermetischen Gesetze

Aberrationen (Verzerrungen und Abweichungen) und Unfähigkeiten sind durch hinzugetane Dinge verursacht und nicht dadurch, dass etwas fehlt. Wir müssen also von uns trennen was wir NICHT sind.
Vor jeglichem Beginn, vor der Schöpfung konnte es nur „Nichts“ geben. Gott war, ist und wird immer ein „Nichts“ sein. Aber ausgestattet mit der Macht wahrzunehmen und Schöpfungen hervorzubringen. Das schließt offensichtlich mit ein, dass es im Schoß des Alls keine Persönlichkeit gibt. Es gäbe keine Erscheinungsformen, innerhalb deren sich eine Persönlichkeit zeigen könnte. Aus diesem Grund schiebe ich alle Personifizierungen von Gott beiseite und uns fokussiere mich stattdessen auf ein unendliches „Nichts“ als Quelle, welches das Potential für unendliches Erschaffen hat.

Und die Schöpfung entwickelte sich um das „Nichts“ mit „Etwas“ ins Gleichgewicht zu bringen. Man kann daher davon ausgehen, dass der Schöpfer alles akzeptieren und alles umfassen würde was er erschaffen hat um „Etwas“ zu haben. Auf der einen Seite würde der Schöpfer als Ursache wirken und auf der anderen Seite die „Wirkung“ seiner Ursache erfahren. Daher würde wohl die „Liebe“ in Allem sein. Und man kann auch sagen, dass der Schöpfer Liebe ist. Nicht nur Liebe des Göttlichen, des Schöpfers sondern die Liebe von allem. Liebe hält alles zusammen.

So gesehen, wäre das einzige Böse, dass man seine wirkliche Rolle als Teil dieses unendlichen und schöpferischen „Nichts“ oder All, wie es in der Hermetik bezeichnet wird, verleugnet. Als Bruchstücke oder Kinder des Schöpfergottes (des Vaters) würden wir auch jeder ein Nichts mit unendlichem Potential sein. Eben: „Wie oben – so unten!“ Wir würden uns damit beschäftigen zu erschaffen und unsere Schöpfungen, unsere Produkte oder Ideen auszutauschen.

Unsere wahre Natur zu leugnen und die Entscheidungen

- ☹ nicht zu erschaffen,
- ☹ nicht zu erleben,
- ☹ nicht wahrzunehmen,
- ☹ nicht zu kommunizieren,
- ☹ das Ablehnen von Verantwortung und
- ☹ das Ablehnen von Ursächlich sein,

führen direkt in die Abwärtsspirale und zum Niedergang.

Wegen unserer ureigensten Natur können wir durch nichts behindert werden, sofern wir selbst es nicht erschaffen hätten.

Sei dir also gut bewusst, dass dir auf dieser Welt nichts etwas anhaben kann. Du erlebst nichts, ausnahmslos nichts, was nicht von dir selbst erschaffen wurde oder mit dem du übereingestimmt hast. Es geschieht nichts einfach so. Habe also keine Angst, dass irgendetwas passieren könnte, wo du machtlos bist. Du bist der Gestalter, der Schöpfer deines Lebens. Du wirst erleben, was du wahrnimmst. Unbewusst, kaum bewusst oder bewusst. Du musst also "nur" deine Wahrnehmung auf das Positive lenken. Übe das immer wieder. Deine Emotionen sind ein Schlüssel für die Wahrnehmung. Die Emotionen sind ein Bindeglied.

2.2. Vertrauen in den Mentaltrainer

Ein Klient neigt dazu, in dem Maße zum Rapport in der Lage zu sein, wie er oder sie sich sicher fühlt.

Wenn der Klient in einer Umgebung Mentaltraining erhält, die unsicher ist oder in der es leicht Unterbrechungen geben kann, ist sein oder ihr Rapport zwischen Mentaltrainer und Klient stark herabgesetzt, und das Ergebnis ist eine verminderte Fähigkeit, Prozesse zu durchlaufen.

Wenn die Rapportfähigkeit des Mentaltrainers holperig ist, und seine Art unsicher oder herausfordernd, bewertend oder abwertend ist, sinkt der Wille zu Veränderung des Klienten auf null oder noch tiefer.

Die nachfolgende Behauptung lässt sich beobachten und ist auch aus sich selbst heraus logisch.

Mentaltrainer plus Klient sind grösser oder stärker als das Unbewusstsein.

Wenn der Klient mit dem Mentaltrainer zusammenarbeitet, können die Probleme des Klienten gelöst werden.

Mentaltrainer plus Unbewusstsein sind grösser oder stärker als der Klient.

Wenn der Mentaltrainer nicht ehrlich an Lösungen für den Klienten interessiert ist, kann er mit Hilfe des Unbewusstseins des Klienten diesen manipulieren und zum Narren halten.

Klient minus Mentaltrainer ist kleiner als das Unbewusstsein.

Dem Klienten auf sich allein gestellt fehlt es an vielem. Am meisten jedoch an der Führung durch den Mentaltrainer und es fehlt ihm an dessen Werkzeugen und Wissen samt Erfahrung. Die einzigen Möglichkeiten die der Klient hat sind leichte und daher eher oberflächliche Übungen und entstressende Techniken, wie Entspannungsübungen, die aktuelle Probleme eindämmen können.

Es ist nicht erforderlich, dass man sich „wie am Krankenbett" verhält oder einen mitfühlenden Tonfall hat. Es ist einfach so, dass ein Mentaltrainer, der seine Verfahren beherrscht und guten Rapport hat, mehr Vertrauen einflößt. Der Klient braucht seine Aufmerksamkeit nicht auf den Mentaltrainer zu richten oder irgendwie mit ihm fertig zu werden, er fühlt sich sicherer und kann somit leicht mitarbeiten und die ihm gestellten Fragen beantworten oder die erforderlichen Aufgaben lösen.

2.3. Gegenwärtige Probleme

Ein gegenwärtiges Problem ist ein bestimmtes Problem, das jetzt im physikalischen Universum besteht und auf das der Klient seine Aufmerksamkeit fixiert hat. Es ist eines, das in der Gegenwart in einem wirklichen Universum existiert. Es ist irgendeine Reihe von Umständen, die die Aufmerksamkeit des Klienten so in Anspruch nehmen, dass er glaubt, er sollte sich darum kümmern, anstatt in Mentaltraining zu gehen. Es ist jegliche Sorge, die den Klienten vom Mentaltraining abhält.

Mit einem daueraktuellen Problem verhält es sich gleich. Es ist eben ein Problem das ständig und über einen langen Zeitraum aktiv ist. Zum Beispiel der Klient verdient zu wenig und hat schon lange andauernde finanzielle Probleme. Eben ein Problem von langer Dauer.

Solch ein Problem muss vor jeder anderen Aktion des Mentaltrainers gelöst werden. Ein Beispiel: Wenn der Klient angekommen ist, und man feststellt, dass er sich nicht sicher ist ob er seinen Wagen versperrt hat, aber da auf dem Beifahrersitz sein neues Notebook liegt wird man ihn oder sie nicht in Rapport bekommen und überhaupt irgendeine Aktion durchführen können. Man schickt ihn einfach zu seinem Wagen wo er seine Vermutung kontrollieren und gegebenenfalls in dem Fall den Wagen versperren kann.

Wenn das Problem eher geistiger Natur ist, der Partner ist gerade auf und davon oder eine nahestehende Person verstorben oder das Haus abgebrannt, muss erst dieses unter den Nägeln des Klienten „brennende“ Problem gelöst werden.

2.4. Entspannung

Es gibt sehr viele und verschiedenste Arten Entspannung zu erreichen. Während sich der eine bei einer Tasse Tee entspannt, geht jemand anderer vielleicht einfach mit dem Hund Gassi und der Dritte hört entspannende Klänge, um dem Stress im Alltag zu entfliehen.

Einfache Methoden reichen aber nicht immer aus; nämlich dann, wenn sich Symptome einstellen, die der Gesundheit abträglich sind. Hoher Blutdruck, Magenschmerzen, Verspannungen, Kopfschmerzen oder auch ein andauerndes Gefühl von Schwäche, den Dingen nicht mehr gewachsen sein, hält sich hartnäckig.
Wenn jemand so weit ist und er das Gefühl nicht mehr los wird, dass Stress, Belastungen oder Überforderung irgendwie zusammenhängen, sollte er darüber nachdenken, Entspannungsübungen einen festen Platz in

seinem Leben einzuräumen und im besten Fall einen Mentaltrainer beizuziehen.

Nachstehend beschreibe ich einige verschiedene Methoden zur Entspannung.

2.4.1. Autogenes Training

Abbildung 2: Autogenes Training

„Autogenes Training ist eine auf Autosuggestion basierende Entspannungstechnik. Es wurde vom Berliner Psychiater Johannes Heinrich Schultz aus der Hypnose entwickelt, 1926 erstmals vorgestellt und 1932 in seinem Buch Das autogene Training publiziert. Heute ist das autogene Training eine weit verbreitete und – beispielsweise in Österreich sogar gesetzlich – anerkannte Psychotherapiemethode.

Autogen (zusammengesetzt aus griech. αὐτό auto ‚ursprünglich, selbsttätig' und lat. genero ‚erzeugen, hervorbringen') ist genau genommen nicht das Training, sondern die Entspannung: Der Begriff ist eine Verkürzung von Training für autogene Entspannung, in der Bedeutung also von Training für von innen heraus erzeugte Entspannung, im Gegensatz zu von außen erwirkte Entspannung.
In der Übungsphase wird die Entspannung heute häufig, gegen die Grundidee und die ausdrückliche Anweisung von Johannes Heinrich Schultz, dennoch zunächst von außen induziert, zum Beispiel durch einen Trainer oder durch einen Tonträger. Ziel ist jedoch die Entspannung von innen her, ohne äußeres Zutun und ohne äußere Unterstützung.

Der Begriff des autogenen Trainings wird häufig mit AT abgekürzt."[6]

AT ist eine Art Selbsthypnose. Der Übende denkt Suggestionen um in eine tiefe Entspannung zu gelangen. Diese Art der Entspannung ist in eine Grund-, Mittel- und Oberstufe unterteilt. Jede Stufe erhält ein unterschiedliches Maß an therapeutischer Tiefe.

Am Häufigsten betrieben wird die Grundstufe. Mannigfache Suggestionen wie „Mein rechtes Bein ist ganz warm", „Mein rechter Arm ist ganz schwer" und andere werden in einer bestimmten Reihenfolge gedacht. Durch die entstehenden Effekte (Wärme, Schwere oder auch Kühle) wird dem Gehirn Gelöstheit suggeriert, so dass es mit der Senkung von Atem– und Herzfrequenz, Muskeltonus und Blutdruck antwortet.

---

[6] Quelle: "de.wikipedia.org/wiki/Autogenes_Training"

2.4.2. Progressive Muskelentspannung

Abbildung 3: Progressive Muskelentspannung

Die progressive Muskelentspannung zielt darauf ab, Entspannung nach abwechselndem An- und Entspannen einzelner Muskeln oder ganzer Muskel- gruppen herbeizuführen.

Der Arzt Edmund Jacobsen entdeckte um 1920 einen Zusammenhang zwischen unruhigen sowie ängstlichen Patienten und verspannten Muskeln. Er leitete daraus ab, dass körperlich entspannte Menschen auch seelisch entspannter sind.

Auch bei dieser Methode reagiert das Gehirn auf die Entspannung entsprechend positiv. Der Übende spannt ganz bewusst bestimmte Muskeln an und nimmt diesen Zustand bewusst wahr, um dann willentlich zu entspannen. Regelmäßig durchgeführt helfen diese Entspannungsübungen, Verspannungen beizeiten wahrzunehmen und eine Entspannung auszuführen.

Gezielt Muskelpartien anspannen und dann wieder entspannen - darauf beruht das Erfolgskonzept der "progressiven Muskel-Relaxation".

Die wissenschaftlich bestätigte Methode wird angewandt, um körperliche Blockaden wirksam zu lösen.

2.4.3. Entspannungsmusik

Heilende Töne und Klänge

Abbildung 4: Entspannungsmusik

Klänge und Töne werden schon seit hunderten von Jahren in der Medizin zur Behandlung und Heilung von Kranken eingesetzt. Auch Tanz kann dazugehören. Heute wird Entspannungsmusik therapeutisch als Musiktherapie verwendet.

Aber auch zuhause gänzlich ohne Therapeuten oder Mentaltrainer kann Entspannungsmusik vieles hergeben und gute Dienste leisten.

Entspannungsmusik, Naturtöne oder auch eine Kombination davon und klassische Musik, haben einen speziellen Rhythmus. Wer eine solche Musik in ruhiger Umgebung genießt, kann seine Gedanken fließen lassen und schaltet nach einiger Zeit ab – Gesangstext könnte das Gehirn unnötig beschäftigen, daher besser ohne.

2.4.4. Phantasiereisen

Orte zum Wohlfühlen besuchen

Abbildung 5: Phantasiereise

Während einer Phantasiereise begibt man sich gedacht an imaginäre Orte, an denen man sich besonders wohl fühlt. Dies ist besonders Effektiv unter der fachkundigen Anleitung eines Mentaltrainers. Aber auch alleine in den eigenen vier Wänden ist das mit einiger Übung möglich und besonders leicht fällt es, wenn einer gesprochenen Anleitung, zum Beispiel auf CD, zugehört und gefolgt werden kann.

Nach einer Einleitung versetzt sich der „Reisende“ in Gedanken an einen Strand, auf eine Wiese oder an andere Orte, die positiv assoziiert werden. Dabei nimmt er Gerüche, Geräusche, Wind, Farben, seine eigene Stimmung wahr. Idealerweise kann er sich diesen Eindrücken hingeben. In dieser harmonischen und friedvollen Umgebung entspannt sich nach und nach auch der Körper im Hier und Jetzt.

2.4.5. Hypnose

Das Innere sprechen lassen

Abbildung 6: Hypnose

Mit Hypnose wird eine Trance induziert, in der das Unterbewusstsein zu Tage tritt. Die Aufmerksamkeit ist nach innen gerichtet. Dadurch kommt es einerseits zu einer tiefen Entspannung, zum anderen werden Geistesgüter, Anliegen und Betrachtungen wahrgenommen, mit denen ein Mentaltrainer arbeiten kann.

In diesem Zustand können dem Unterbewusstsein bestimmte Daten und Ziele leichter suggeriert werden. Entgegen einiger Behauptungen ist der Klient keinesfalls willenlos – er hat zu jedem Zeitpunkt die Kontrolle über sich.

Jemand der sich mit Entspannungsübungen vertraut gemacht hat, wird auch mit Selbsthypnoseanleitungen erfreuliche Ergebnisse erzielen.

2.4.6. Achtsamkeit

Entspannt und gelassen im Hier und Jetzt

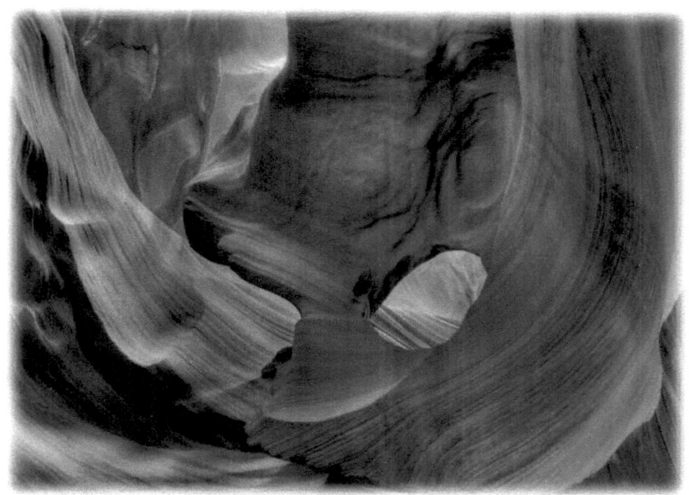

Abbildung 7: Achtsamkeit

Achtsamkeit oder Konfrontieren, man kann auch „Dasein“ sagen, ist eine Haltung die ich gerne als „Nicht angreifen – Nicht zurückziehen – Zustand“ bezeichne.

Konfrontieren kommt vom mittellateinischen confrontare = (Stirn gegen Stirn) gegenüberstellen. Das wird fälschlicherweise oft mit „unangenehm“ assoziiert. Tatsächlich heißt es nicht anderes als einfach da zu sein. Man ist einfach im Hier und Jetzt, fühlt sich lebendig und gleichzeitig entspannt und gelassen. Achtsamkeit kann vermittels Übungen und Meditationen erreicht werden. Mönche beschäftigen sich mit dieser Haltung ihr gesamtes Leben.

Doch auch gerade für gestresste Personen kann Achtsamkeit sehr hilfreich sein und einen zusätzlichen Aspekt auf das Leben verschaffen. So wird man meist nicht nur gelassener, sondern ebenfalls klüger und freudiger.

2.4.7. Herzatmung

Harmonisierung und Ordnung

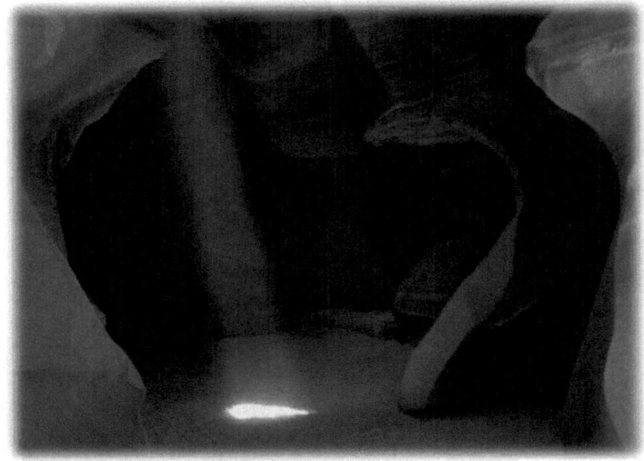

Abbildung 8: Herzatmung

Unser Körper ist ein enorm komplexes System, in dem sich viele verschiedene Organe befinden. Diese sind nicht isoliert zu betrachten, sondern beeinflussen sich gegenseitig.

Ein Beispiel dafür ist die Herzkohärenz. Man konnte herausfinden, dass Signale in beide Richtungen gesendet werden, also dass nicht nur das Gehirn Signale zum Herz sendet, sondern auch umgekehrt das Herz zum Hirn. Das Herz pumpt also nicht nur Blut durch unsere Bahnen, sondern sendet darüber hinaus auch noch Signale zu anderen Organen im Körper.

Geordnete und harmonische Herzrhythmen (Kohärenz), welche zusammen gehen mit einer positiven emotionalen Haltung, senden stressreduzierende Signale an das Gehirn. Die Folgen davon sind eine Verbesserung der Gehirnfunktion, des hormonellen Gleichgewichts, der Immunitätsfunktion, Koordination und des Reaktionsvermögens.

Die Herzatmung essentiell:
Atme bewusst ein und aus und stelle dir dabei vor, dass du dein Herz mit Liebe und Sauerstoff „beatmest". Stell dir einfach vor du würdest dein Herz in Sauerstoff und Liebe baden.

2.5. *Visionsorientierte Veränderungsarbeit*

VoVa ist die Abkürzung für „Visionsorientierte Veränderungsarbeit“. Unter „Visionsorientiert“ versteht man: Zukünftig gewollte, tiefgreifende Veränderungen der eigenen Lebensweise und meint damit auch das diese Veränderungen besser durch die Anziehungskraft von Visionen stattfinden, als durch den Fokus auf die Bekämpfung oder das Arbeiten mit persönlichen Schwächen oder Barrieren, so dass sich Sinnerfüllung unmittelbar einstellt.

„Veränderungsarbeit“ bezeichnet eben genau den persönlichen Veränderungsprozess in Richtung Sinnerfüllung und damit ein beglücktes Leben.

Hallanzy widmete sich der Frage, wie eine tief greifende und dauerhafte Veränderung zustande kommen kann und man dabei in einem zeitlich effizienten Rahmen von ca. 40 Stunden bleibt. Dazu legte sie der Methode ein systemisches Welt- und Menschenbild zugrunde.

Für Hallanzy kristallisierte sich die Erkenntnis heraus, dass Blockaden einer Rangordnung unterliegen. Diese Rangordnung kann man mit den 7 logischen Ebenen beschreiben. Zum Auflösung der Blockaden geht der Mentaltrainer gemäß dieser Rangordnung vor.

Hallanzy hat mit der Visionsorientierten Veränderungsarbeit mehr als 20 definierte Techniken entwickelt, die alle der folgenden Veränderungsschritte abstützen:

- ☺ Bestimmung auf Vorhandensein einer Blockade,
- ☺ Analyse der Blockade,
- ☺ Auflösung der Blockade,
- ☺ Überprüfung der erfolgreichen Auflösung,
- ☺ Suche nach weiteren Blockaden auf gleicher Ebene bzw.
- ☺ Weiterarbeit auf der nächsten Ebene.

Wegen der beziehungsorientierten Philosophie und Arbeitsweise unterscheidet sich die Arbeitsweise mit einzelnen Klienten von der mit Paaren, wobei ein vorhandener Ehepartner bzw. Lebensgefährte rigoros mit einbezogen wird.

2.5.1. Einige grundlegende Definitionen

Vision: Laut *Duden* hat das Wort Vision drei Bedeutungen:

1. *übernatürliche Erscheinung als religiöse Erfahrung*
2. *optische Halluzination*
3. *in jemandes Vorstellung besonders in Bezug auf Zukünftiges entworfenes Bild*

In diesem Kontext ist mit Vision das symbolische Bild einer Beziehung, das eine bestimmte Beziehungsqualität darstellt, gemeint. Zusätzlich erhält dieses Bild einen Titel, der die Beziehungsebenen und die Beziehungsqualität beschreibt, als jene Form des Zusammenlebens, die der Einzelne bzw. das Paar solide anstreben möchte. Diese Vision ist somit ein ausgesprochen wirkungsvoller Anker, der den Klienten in den Visionszustand versetzt und damit genau die Zugkraft, die zu weiterem Wandel führt. Der Visionszustand wird durch vier ‚Zustände' beschrieben:

1. der eigenen Person voll bewusst,
2. gleichzeitig mit dem(n) Anderen tief verbunden,
3. die eigene Intuition ist zugänglich und gleichzeitig
4. ist man sich der Einheit mit dem Anderen voll bewusst, ohne sie permanent hinterfragen zu müssen.

Beispielbild: Zwei Flüsse die in einen gemeinsamen See münden und die sich in der Strömung des Sees verbinden und sich als ein „Ganzes" fühlen.

Titel: Fließende Partnerschaft!

Beziehungsebenen: im Sinne von VoVa gibt es sieben Beziehungsebenen: [1. Die Beziehung zu sich selbst, 2. zu Anderen in Freundschaft, 3. in Teams, 4. in der Partnerschaft, 5. in der Familie, 6. zur Ursprungsfamilie und 7. zu allen Menschen]

Visionsorientiert: Damit ist gemeint, dass sich der Prozess an der Vision festmacht. Die Vision wird als starker Magnet verwendet den Klienten „Weg von" auf den Weg zum Ziel zu begleiten.

Logische Ebenen: 1. Umgebung (Ich und die Welt), 2. Verhalten (Freundschaften), 3. Fähigkeiten (Team), 4. Überzeugungen (Partnerschaft), 5. Werte (Familie), 6. Identität (Verwandtschaft) und 7. Sinn/Mission (Ich und die Welt)

Ziel: Im Rahmen der Reihenfolge von VoVa wird unter Ziel der nächste Schritt in Richtung Vision verstanden. Das Ziel muss einige „Wohlgeformtheitskriterien“ erfüllen: Es ist positiv, es bezeichnet eine konkrete Handlung, die Handlung kann von Klienten selbst initiiert werden und erfolgt zu einem bestimmten Zeitpunkt. Der Satzbogen in dem das Ziel ausgesprochen wird muss kongruent sein. (Hallanzy stellte fest, dass ein wohlgeformtes Ziel erst formuliert werden kann, wenn alle davon betroffenen TFs (Thought Forms) aufgelöst wurden.

Identifizierungen[7]: Identifizierung bedeutet, in Gedanken an einen anderen Menschen zu leben und damit das eigene Leben nicht zur Entfaltung zu bringen. Dabei werden zwei Identifizierungen unterschieden: Totenidentifizierung (Ich trauere im Gedenken an einen Toten, der im System nicht ausreichend betrauert wurde) und Opferidentifizierung (Ich lebe Unzufriedenheit im Gedanken an eine Person meiner Ursprungsfamilie, deren Rechte missachtet wurden).

Beliefs[8]: Glaubenssatz. Individuelle Annahmen über die Ordnung und die Funktionsweisen der Welt als wahr empfundene Realität. Interpretation und Verallgemeinerung früherer Erfahrungen oder übernommene Meinung Anderer als alltägliche Entscheidungs- und Handlungsgrundlage. Sie bestimmen, was wir denken bzw. was wir uns erlauben zu denken und was wir für möglich halten. Glaubenssätze beschreiben das innere Abbild der eigenen Wirklichkeit. Sie dienen der Orientierung in der Welt. „Ein Glaubenssatz ist eine Annahme mit einem Gefühl von Sicherheit!“ (Anthony Robbins). Er gliedert "unsere Anschauungen" in der Reihenfolge ihrer Stärke in: Meinungen - Glaubenssätze - Überzeugungen (Wissen).

---

[7] Bert Hellinger: Ordnungen der Liebe. Auer 1194

[8] http://www.bernd-holzfuss.de/nlp-basiswissen/glossary/NLP-Glossar-1/B/

Glaubenssätze können sich auf der Verhaltensebene oder auf der Identitätsebene lokalisieren. Es gibt verschiedene Arten von Glaubenssätzen:

- ☺ Regeln: Ursache-Wirkung ("wenn..., dann...", "Weil...") und Komplexe Äquivalenzen: ("X bedeutet Y")
- ☺ Annahmen: "Es ist nun mal so...", "Die Menschen... / Das Leben...", "Man kann / darf / soll / muss / ist (nicht) ...", oder gar: "Ich bin..."

Mehrere sich gegenseitig stützender Glaubenssätze bilden ein Glaubenssystem (belief system).

Glaubenssätze werden geprägt:

- ☺ durch Wiederholung oder Gewöhnung: (Ableitung von Gültigkeitsvermutungen; „Glauben" nach wiederholtem Erleben oder Erfahren)
- ☺ durch Autoritäten: In Prägungssituationen, Signifikanten Emotionalen Ereignissen (S.E.E.). Glaubenssätze stützen sich auf Erinnerungen und innere Einstellungen und sind insofern sinn- und identitätsstiftend.

Die Veränderung von Glaubenssätzen ist ein zentrales Moment im NLP-Coaching.

Thougth Forms: Gedankenformen die während einem emotional sehr belastenden Erlebniss, oft im frühen Kindesalter, von einer Bezugsperson (Verbündeten) übernommen wurde. Es handelt sich um negative und somit einschränkende Menschen- und Weltbilder.

2.5.2. Die vier Schritte der Veränderung

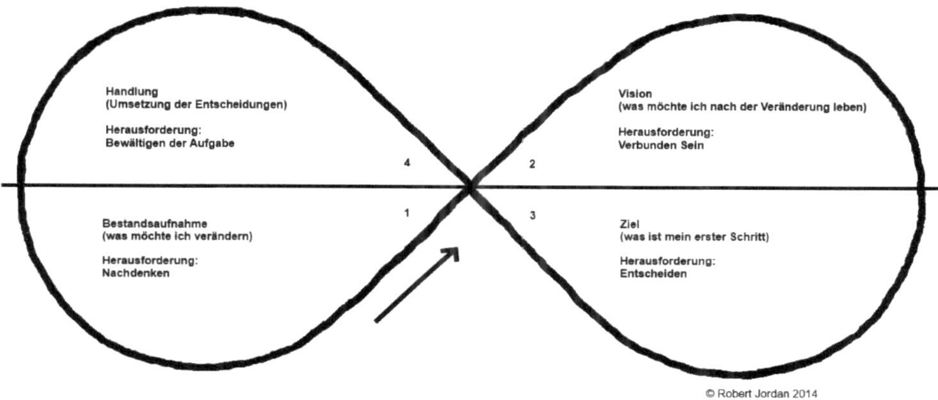

Abbildung 9: Vier Schritte der Veränderung[9]

Beginnend mit Schritt eins, der Bestandsaufnahme, durchläuft der Klient mit Hilfe des Mentaltrainers die weiteren Schritte und kommt zum Schluss wieder zu Schritt eins. Nun kann er in einer neuen Bestandsaufnahme erforschen, ob er die Handlungen auf sein letztes Ziel bezogen zu seiner Zufriedenheit durchführen konnte oder ob er etwas (anderes) verändern will.

[9] Hallanzy Annegret: VoVa Band I, Junfermann

2.5.3. Die vier Phasen der Veränderung

Vom Ziel zur Vorfreude **(Umsetzung der Entscheidungen)** **(Was hindert mich, das Ziel umzusetzen?)** **Behinderungen:** **Glaubenssätze / Gefühle** **4**	**Vom Symptom zur Vision** **(Was hindert mich, für mich einen Sinn zu finden?)** **Behinderungen:** **Identifikationen** **2**
1 **Symptom** **oder:** **Wie ist mein tiefes Grundgefühl?** **Behinderungen:** **(Schuld-) Verstrickungen**	**3** **von der Vision zum Ziel** **(was ist mein erster Schritt)** **Herausforderung: Entscheiden** **Behinderungen: Thought Forms, also negative und einschränkende Welt-und Menschenbilder**

© Robert Jordan 2014

Abbildung 10: Vier Phasen der Veränderung[10]

Die vier Phasen der Veränderung oder auch Change Management (Veränderungsmanagement) betrifft alle Probleme zu der Frage, wie man Veränderungen – welcher Art auch immer – herbeiführt.

Mentaltrainer und Klient arbeiten zusammen. Die vier Phasen der Veränderung, führen zum erstrebten Wandel einschließlich der Stabilisierung und Kontrolle.

Das Change Management läuft somit grundsätzlich in diesen vier Schritten ab:

---

[10] Hallanzy Annegret: VoVa Band I, Junfermann

Der Klient steht dabei im Zentrum aller Aktivitäten und spielt natürlich eine besondere Rolle. Der Klient muss fähig und bereit sind, Veränderungen mitzutragen und umzusetzen.

Die vier Phasen der Veränderung gestalten einen Wandel optimal und sind daher ein Erfolgsfaktor.

„Manage change or change the Mentaltrainer!“

2.5.4. Die sieben Visionsarten und die Phasen bewusster Veränderung

Visionsart	Logische Ebene	Beziehungsebene
Wurzelchakra	Umgebung Mensch	Begegnung Mensch zu
Sakralchakra	Verhalten	Die Freundschaft
Solarplexus-Chakra	Fähigkeiten	Das Team
Herz-Chakra	Überzeugungen	Die Partnerschaft
Hals-Chakra	Werte	Die eigene Familie
Stirn-Chakra	Identität	Die Verwandtschaft
Kronenchakra	Sinn und Mission	Die Gemeinschaft aller Seelen

Tabelle 1: Die sieben Visionsarten

Jede Visionsart, also jedes Chakra aktiviert eine bestimmte Qualität beim Klienten.

Beispiel: Herz-Chakra – Die Partnerschaft[11]

Wenn man auf Partnersuche ist, scheint es weitaus wichtiger zu sein, sich innerhalb mit der erwünschten Qualität von Partnerschaft zu beschäftigen als mit Wunschbildern zum Partner. Die Vision zur Beziehungsqualität erhöht die Sensibilität bei der Beurteilung, mit welchem Partner diese Qualität lebbar ist, und beschleunigt den Prozess, selbst zu werden. Außerdem kann man die Vision bereits als magische Beziehungsaufnahme auf der seelischen Ebene mit dem geeigneten Partner verstehen, der sich dadurch unbewusst angesprochen fühlt und unter oft merkwürdigen Umständen auftaucht.

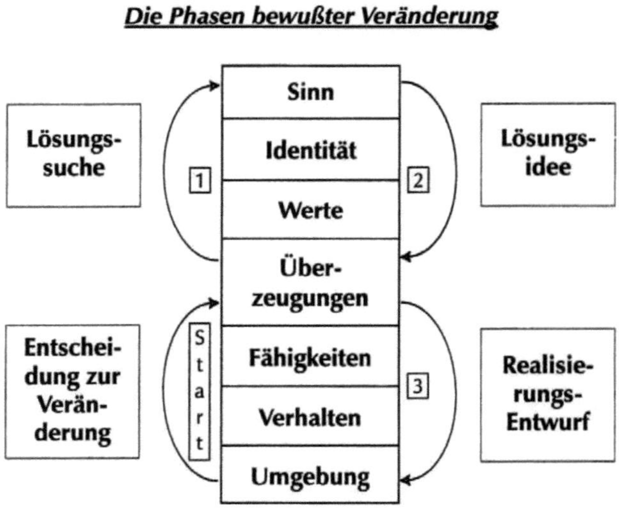

Die Phasen bewußter Veränderung

Lösungs-suche
Sinn
Identität
Werte
Über-zeugungen
Fähigkeiten
Verhalten
Umgebung
1
2
3
Start
Lösungs-idee
Entschei-dung zur Verän-derung
Realisie-rungs-Entwurf

Abbildung 11: Die Phasen bewusster Veränderung[12]

[11] Hallanzy Annegret: VoVa Band I, Junfermann

2.5.5. Die 14 Kerncharakter-Eigenschaften

Eher Weiblich	Eher Männlich
Sinn für Harmonie	Sinn für Vollkommenheit
Empathie	Tiefgründigkeit
Opferbereitschaft	Mut
Fürsorglichkeit	Zuverlässigkeit
Daseinsbejahung	Ehrlichkeit
Herzlichkeit	Begeisterungsfähigkeit
Mitgefühl (Mitleid)	Durchhaltevermögen

Tabelle 2: Die 14 Kerncharaktereigenschaften[13]

Diesen in der Tabelle aufgezählten Kerncharaktereigenschaften versucht jeder Mensch, also auch der Klient und selbst wenn es anders zu sein scheint, möglichst nahzukommen und diese zu bewältigen.

Es ist für jeden Menschen ein wünschenswertes Ziel alle genannten Charaktereigenschaften zu entwickeln und zu seiner Zufriedenheit zu festigen.

---

[12] Hallanzy Annegret: VoVa Band I, Junfermann

[13] Hallanzy Annegret: VoVa Band I, Junfermann

2.5.6. Kommunikation und Rapport

Der Klient muss sich in der Umgebung wohlfühlen und die Bereitschaft haben zum Mentaltrainer über seine Ziele oder Probleme zu sprechen. Gegenwärtige Problem müssen zuerst gehandhabt werden.
Siehe dazu auch Kapitel 2.1 Vertrauen in den Mentaltrainer

Der Mentaltrainerkommunikationszyklus:
Dies ist der Kommunikationszyklus, der immer in Gebrauch ist:

1) Ist der Klient bereit, die Frage oder Anweisung zu empfangen? (äußere Erscheinung, geistige Präsenz)
2) Der Mentaltrainer gibt die Frage oder Anweisung zum Klienten (Ursache, Entfernung, Wirkung)
3) Der Klient schaut in sich, um eine Antwort zu erhalten
4) Der Klient erhält die Antwort von
5) Der Klient gibt die Antwort zum Mentaltrainer (Ursache, Entfernung, Wirkung)
6) Der Mentaltrainer bestätigt den Klienten
7) Der Mentaltrainer sieht, dass der Klient die Bestätigung empfangen hat (Aufmerksamkeit)
8) Ein neuer Zyklus beginnt mit 1)

Wenn der Klient trotz aller Bemühungen nicht in Rapport gehen will und nicht willig ist zum Mentaltrainer zu sprechen, kann es sein, dass der Klient bewusst oder unbewusst etwas vor dem Mentaltrainer verbergen will. Finde es heraus.

Eine Hilfe kann die Frage sein:

1) In Bezug auf die Frage ... wer müsste ich sein damit du Antworten kannst?
2) Angenommen ich wäre ....!
   Wie lautet die Antwort auf die Frage ....?

Weitere Möglichkeiten den Rapport herzustellen und zu vertiefen sind:

- ☺ Die Fähigkeit Verstehen zu vermitteln
- ☺ Die Fähigkeit Übereinstimmung zu vermitteln
- ☺ Die Fähigkeit zu vermitteln das einem das Gesagte wichtig ist
- ☺ Die Fähigkeit Körperhaltung zu spiegeln
- ☺ Die Fähigkeit Sprache zu spiegeln

2.5.7. Die vier Wohlgeformtheitskriterien[14]

Spezifische Handlung **vermeiden von:** **unselbständigen Verben, können, sein,** **Substantivierten Adverbien,** **Verben mit unspezifiescher Handlung** **4**	**Positive Formulierung** **vermeiden von:** **nicht, niemand, kein, ohne, un-, -los** **Steigerung mit getilgtem Vergleich** **2**
1 **Nur ein einziger Erfolgsmoment** **vermeiden von:** **immer,** **zu allen Zeitpunkten X**	**3** **Nur ein einziger Wunsch** **und selbstinitiiert** **vermeiden von:** **X und Y (und Z),** **um zu, so dass, X damit Y.** **Ich möchte, dass ich ...** **Ich möchte, dass Subjekt X ...**

© Robert Jordan 2014

Abbildung 12: Die vier Wohlgeformtheitskriterien

Das Ziel dieser differenzierten Vorgehensweise ist es Klienten dabei zu helfen Ziele und Wünsche genauer zu bezeichnen und zu beschreiben, ohne dass sich der Mentaltrainer inhaltlich einmischt. Wird ein Wunsch mit einem oder mehreren fehlenden Wohlgeformtheitskriterien geäußert, verwendet der Mentaltrainer die Tabelle zur Zielhypnose nach Annegret Hallanzy.

Diese Vorgehenswiese kann auch im privaten Bereich angewendet werden. Dabei ist es jedoch sehr wichtig, dass der Partner, der dem anderen die Fragen stellt sehr vorsichtig, liebevoll und sanft vorgeht.

[14] Hallanzy Annegret: VoVa Band I, Junfermann

2.5.8. Der erste Veränderungsschritt

Bestandsaufnahme: Was hindert mich, glücklich zu sein?
Veränderung nach VoVa: Aufdecken und Lösen von (Schuld)-Verstrickungen!

Der Klient kommt mit seiner eigenen Landkarte nicht mehr zurecht.
Um die Landkarte angemessen verändern zu können, muss als erstes ihr Sinn und Zweck genau definiert werden!

Genau das leistet die Zielhypnose im VoVa-Prozess, bei der der Klient auf der Suche nach seinem schönsten, denkbaren Erfolg mit der Frage in Kontakt kommt, was wirklich für ihn Sinn macht.[15]

[15] Hallanzy Annegret: VoVa Band I, Junfermann

Tabelle zur Zielhypnose[16]

Wunsch in folgender Form:	**Frage:**
1. Kriterium: Positive Formulierung ..nicht/niemand/kein/ohne/un-/-los Steigerung mit getilgtem Vergleich	 Was möchten Sie, anstatt...? Woran werden Sie merken, dass...?
2. Kriterium: Nur ein einziger Wunsch X und Y (und Z) Um zu, so dass, X damit Y Ich möchte, dass ich... Ich möchte, dass Subjekt X...	Angenommen, X würde Ihnen gelingen, wäre es wahrscheinlich, dass Sie dann auch Y hinbekämen, oder wäre es eher andersherum... Angenommen, X würde Ihnen bereits gelingen, woran würden Sie erkennen, dass Sie Y erreicht haben? Was haben Sie davon, wenn sie ... ? Welches Verhalten von Ihrer Seite würde es wahrscheinlich machen, dass Subjekt X ...
3. Kriterium: Spezifische Handlung Unselbständiges Verb, können, sein, substantiviertes Adverb Verb mit unspezifischer Handlung	Woran werden Sie merken, dass ...? In welcher Form möchten Sie am liebsten ...?
4. Kriterium: Nur 1 Erfolgsmoment Immer / zu allen Zeitpunkten x	Erfolgsmanöver: Angenommen, Sie blicken zurück ... Sie haben es geschafft ..., wann war der Moment wo es Ihnen gelungen ist und Sie gewusst haben, wenn jetzt hier ... dann wird es mir immer gelingen ...?

Tabelle 3: Tabelle zur Zielhypnose

[16] Hallanzy Annegret: VoVa Band I, Junfermann

Eine Tabelle zur Zielhypnose zum kopieren befindet sich im Anhang 7.1

Beispiele und Lösungen zur Arbeit mit Zielhypnose[17]

Aussage:

Ich möchte meine Arbeit nicht überbewerten, damit mir auch noch Privatraum bleibt.

Übersetzung ins Inhaltslose:

Ich möchte X nicht überbewerten, damit mir Y bleibt.

Frage des Mentaltrainers:

Was möchten Sie, anstatt Ihre Arbeit überzubewerten?

Aussage:

Ich möchte mir abends etwas gönnen, damit ich nicht mehr so in Müdigkeit versumpfe.

Übersetzung ins Inhaltslose:

Ich möchte mir im Zeitraum X Y gönnen, damit ich nicht mehr in Z versumpfe.

Frage des Mentaltrainers:

Was möchten Sie, anstatt nicht mehr so in Ihrer Müdigkeit zu versumpfen?

Aussage:

Ich möchte immer, wenn ich mir beim ersten Eindruck von unseren Bewerbern bereits sicher bin, dass sie grundsätzlich nicht zu unserem Unternehmen passen, das Gespräch zügig beenden.

[17] Hallanzy Annegret: VoVa Band I, Junfermann

Übersetzung ins Inhaltslose:

Ich möchte zu allen Zeitpunkten X Y Zmäßig beenden.

Frage des Mentaltrainers:

Angenommen, Sie hätten das Gespräch bei all diesen Bewerbern immer zügig beendet, und würden sich dann vergegenwärtigen, dass es Ihnen auch tatsächlich in diesen Fällen immer gelingt, auf welchen Moment wären Sie rückblickend besonders stolz?

Aussage:

Ich möchte, dass ich mich nicht so dafür anstrengen muss, dass man mich ernst nimmt

Übersetzung ins Inhaltslose:

Ich möchte, dass ich mich für X nicht Ymäßig anstrengen muss.

Frage des Mentaltrainers:

Was möchten Sie, anstatt sich deswegen immer so anstrengen zu müssen?

Aussage:

Ich möchte meine Forderungen so hartnäckig stellen, dass dem Vorsitzenden nichts übrig bleibt, als mir endlich zuzuhören

Übersetzung ins Inhaltslose:

Ich möchte meine Forderungen Xmäßig stellen

Frage des Mentaltrainers:

Woran werden Sie merken, dass Sie Ihre Forderungen genauso hartnäckig stellen?

Aussage:

Ich möchte, dass niemand auf die Idee kommt, ich würde alles schon jetzt festlegen wollen.

Übersetzung ins Inhaltslose:

Ich möchte, dass niemand (keine Person X) auf Y kommt.

Frage des Mentaltrainers:

Was möchten Sie, anstatt dass jemand auf diese Idee kommt?

Die Verstrickung in diesem Sinne ist eine Behinderung auf Sinnebene, die ein Individuum daran hindert, sich zu verändern, um glücklicher zu sein. Es geht rudimentär um die Frage: „Kann ich – oder macht es für mich Sinn, nach dem Glück zu greifen, wenn ich mich schuldig fühle oder mich mit der Veränderung schuldig fühlen würde?“ Bewusst oder unbewusst die Antwort auf diese Frage wird sicherlich lauten: „NEIN!“

Ein typisches Beispiel:

Das betroffene Individuum hat eine frühere Partnerschaft und fühlt sich mitschuldig am Scheitern dieser Beziehung Das mag soweit gehen dass das Individuum nun selbst keine glückliche Beziehung haben kann.

Welche Möglichkeiten hat der Mentaltrainer um Verstrickungen zu heilen?

Frage:

„Wodurch kann ich in meinem Leben dem,
was geschehen ist (oder geschieht), einen Sinn geben?

Antwort:

Verstrickungen heilen durch <u>KONKRETES</u> „Bogenschließendes Handeln“ in die Welt hinaus.

Dementsprechend:

Ich MACHE etwas Sinnvolles daraus für die Welt!

Weitere Überlegungen dazu:
Heilung ist also durch „bogenschließendes Handeln“ möglich.
An dieser Stelle ist die Nicht-Einmischung des Mentaltrainers besonders gewichtig. Der Klient oder die Klientin reflektiert und verifiziert Schritt für Schritt den Lösungsansatz.

Der reale Nutzen aus diesem Wissen: Selbstheilung auf „Verdacht“ ist möglich und radikal effektiv! Die Hilfe eines Mentaltrainers wird erst dann wirklich nötig wenn der Schwung schwindet.

Die sieben Beziehungsebenen und Grundformen von Verstrickungen

Beziehungsebene	(Schuld) - Verstrickung
Welt	Abhängigkeit von (statt echter Geborgenheit in) einer sinnstiftenden, z.B. religiösen Gemeinschaft, so dass alle relevanten Bindungen und Beziehungen den Interessen der Gemeinschaft untergeordnet werden.
Verwandtschaft	Bindungshemmung in Rücksichtnahme auf einen oder beide Elternteile, um diesem den schmerzhaften Vergleich mit dem eigenen Leben zu ersparen – besonders dann, wenn wenigstens ein Elternteil sich früher bewusst nach einem anderen Leben sehnte.
Familie	Total-Ausstieg aus der Elternrolle (Gewalt, Missbrauch, grobe Vernachlässigung) oder grober Verstoß gegen die Unterstützung - Ethik Abtreibung (bezieht auch den Vater mit ein!)
Partnerschaft	Lediglich bei fester Beziehung: Rücksichtnahme darauf, ob der andere dieselben Chancen für Umgestaltung hat. Ex-Partner: Nur wenn es sich um eine anfänglich verbindliche Beziehung handelte (in die man voll investierte und glaubte), dann entsteht das Tabu, mehr Lebensglück zu nehmen als der andere (oder als die eigenen Kinder, die unter der Ex-Beziehung litten!).
Team	Bei der Bemühung zur Auflösung von Verstrickungen (deren direkte Betrachtung die Hinführung durch dritte braucht) entsteht wieder eine Abhängigkeit von der dritten Person.
Freundschaft	Rücksichtnahme auf und Anpassung an Freunde, die meinen Durchbruch zu einem wesentlich glücklicheren Leben nicht verkraften würden.
Mensch zu Mensch	Kriminalität: Wenn ich schuldig bin, weil jemand durch mich geschädigt wurde, warum sollte ich dann das Recht haben, glücklich zu sein?

Tabelle 4: Die sieben Beziehungsebenen und Grundformen von Verstrickungen

Die sieben Grundformen von Verstrickungen und deren Heilungsansatz

(Schuld) - Verstrickung	Heilung
Abhängigkeit von (statt echter Geborgenheit in) einer sinnstiftenden, z.B. religiösen Gemeinschaft, so dass alle relevanten Bindungen und Beziehungen den Interessen der Gemeinschaft untergeordnet werden.	Die Beziehung zum Mentor, die man innerhalb der Gemeinschaft suchte, ersetzen durch einen Mentor außerhalb oder darüber stehend, der eine neue Zugehörigkeit zur Welt eröffnet.
Bindungshemmung in Rücksichtnahme auf einen oder beide Elternteile, um diesem den schmerzhaften Vergleich mit dem eigenen Leben zu ersparen – besonders dann, wenn wenigstens ein Elternteil sich früher bewusst nach einem anderen Leben sehnte.	Überlegung: Welches Glück vermisst/ verdrängt der Elternteil am meisten? (Erfüllte Partnerschaft? Leben eigener Potentiale? Einbindung in die Gemeinschaft?) Welche Ressource hätte (ab dessen Jugend) die Wendegebracht? Ich gönne sie MIR im Gedenken an die Tragik des Elternteils!
Total-Ausstieg aus der Elternrolle (Gewalt, Missbrauch, grobe Vernachlässigung) oder grober Verstoß gegen die Unterstützung - Ethik Abtreibung (bezieht auch den Vater mit ein!)	Buße (meist an die Enkel gerichtet) oder – wenn kein realer Kontakt mit dem Kind gegeben – gleicher Ansatz wie bei Abtreibung: Was hätte ich gebraucht, damit es anders gelaufen wäre? Ich gebe genau diese Ressource ähnlich Betroffenen!
Lediglich bei fester Beziehung: Rücksichtnahme darauf, ob der andere dieselben Chancen für Umgestaltung hat. Ex-Partner: Nur wenn es sich um eine anfänglich verbindliche Beziehung handelte (in die man voll investierte und glaubte), dann entsteht das Tabu, mehr Lebensglück zu nehmen als der andere (oder als die eigenen Kinder, die unter der Ex-Beziehung litten!).	Der/die Partner/in sollte ALLE erdenklichen Ressourcen zur Verfügung gestellt bekommen, um zur gleichen Entscheidung zu kommen. Jede Trennung außer durch Tod sollte mit der Überlegung verarbeitet werden: Was hätten wir beide gebraucht, damit wir uns erst gar nicht gebunden hätten bzw. solide und erfolgreich gestartet wären? Das gebe ich der Welt! (Zentrale Bedeutung für die Kinder!!!)
Bei der Bemühung zur Auflösung von Verstrickungen (deren direkte Betrachtung die Hinführung durch dritte braucht) entsteht wieder eine Abhängigkeit von der dritten Person.	Vermeidung von Therapieschäden durch das Bestehen auf klaren Geben / Nehmen - Verträgen (besonders wichtig und relevant für Kinder/ Jugendliche ohne eigenes Einkommen und Therapie auf Krankenschein).

Rücksichtnahme auf und Anpassung an Freunde, die meinen Durchbruch zu einem wesentlich glücklicheren Leben nicht verkraften würden.	Mindestens EINE(N) FreundIn finden, der/die sich mit mir mitfreuen könnte und würde.
Kriminalität: Wenn ich schuldig bin, weil jemand durch mich geschädigt wurde, warum sollte ich dann das Recht haben, glücklich zu sein?	Konkrete Buße und Wiedergutmachung (wenn möglich) und Klärung der Frage: „Was hätte ich gebraucht, um dies nicht zu tun?" Ich gebe genau diese Ressource der Welt.

Tabelle 5: Die sieben Grundformen von Verstrickungen und deren Heilungsansatz

Präventive Maßnahmen sind möglich!

Beziehungsebene	Präventive Maßnahmen
Welt	Wieder, wie im Gebiet Freundschaft, sind Mentoren wichtig, die unsere Beziehungen - Freundschaften, Familie, Partnerschaft – bejahen und uns für die Welt öffnen. Alle Gemeinschaften, die Beziehungen verneinen, uns von der Welt abkapseln, die unsere Freiheiten einschränken wollen, sind zu meiden!
Verwandtschaft	Als Eltern: Darauf achten, dass man eine erfüllte Partnerschaft lebt, die eigenen Potentiale aufspürt und sie auch kommuniziert und jedenfalls auch einen eigenen Freundeskreis pflegt. Ziel ist – Unabhängigkeit von unseren Kindern – Unsere Kinder sind nicht dazu da, UNS glücklich zu machen!!! (Siehe auch Khalil Gibran: Der Prophet – Über die Kinder)
Familie	Wenn begriffen wird, dass man 'ausrastet' oder sich nicht kontrollieren kann, so benötigt der- oder diejenige professionelle Hilfe! Es muss auf jeden Fall verhindert werden, dass Kinder – völlig egal ob es die eigenen oder die von anderen sind – zu Schaden kommen! Abtreibungen möglichst verhindern!
Partnerschaft	Sich mit dem Partner oder der Partnerin zusammen auf den Weg der Umgestaltung begeben – einer alleine macht keinen Sinn! Alle Chancen müssen genutzt werden, den Partner oder eben die Partnerin zu motivieren den Weg gemeinsam zu gehen!
Team	Grundsätzlich im Umgang mit Hilfen und Dienstleistungen (egal ob man nimmt oder gibt) darauf bedacht zu nehmen, dass ein Ausgleich des Gebens und Nehmens stattfindet. Ein fehlender Austausch führt dazu das das Erhaltene, ob das nun Dienstleistung oder feste Sachen sind keinen Wert darstellt. Zudem erzeugt es eine Schuldposition und wertet den Empfänger ab!
Freundschaft	Auf Freundschaften achten, die einen Mentor-Charakter haben – Also Freunde finden, die sich mitfreuen und uns bei Veränderungsbestrebungen unterstützen und damit erheblich glücklicher im Leben werden!
Mensch zu Mensch	Ehrlich sein und Kriminalität vermeiden sind die obersten Gebote!

Tabelle 6: Präventive Maßnahmen sind möglich

2.5.9. Der zweite Veränderungsschritt

Bestandsaufnahme: Vom Symptom als Ergebnis des ersten Schrittes ausgehend: Wenn ich dieses Symptom los werden würde, was wäre mir dann möglich?
Veränderung nach VoVa: Vom Symptom zur Vision!

Was macht dann für mich SINN?

Im Dialog:

- ☺ Was möchten Sie, wirklich aus tiefstem Herzen?
- ☺ Antwort: „Ich möchte x.“

Der Klient sollte eine „wohlgeformte“, kongruente und in einem Satzbogen ausgesprochene Antwort geben können:

In den meisten Fällen wird das nicht so sein, da ein Klient, der das könnte, keinen Beistand suchen würde. Folglich kommt hier die Tabelle zur Zielhypnose Seite 85 zum Einsatz.

Ein Klient der frei von Behinderungen ist, wird durch diese Fragetechnik direkt zu einer kraftvollen Vision navigiert.

<u>Struktur und Bedeutung einer Vision</u>
Eine Vision ist die symbolhafte Darstellung einer Beziehungsqualität als Bild (einer Beziehung). Die Überschrift oder die Bezeichnung des Bildes beschreibt die Beziehungsebene und Beziehungsqualität und auf diese Weise jene Form des Zusammenlebens, die der Klient bzw. das Paar beharrlich anstreben möchte.

Diese Vision ist der Anker schlechthin, der den Klienten in den Visionszustand versetzt – die Zugkraft, der zur weiteren Veränderung motiviert und führt.

Die Vision wird durch vier „Zustände“ beschrieben:

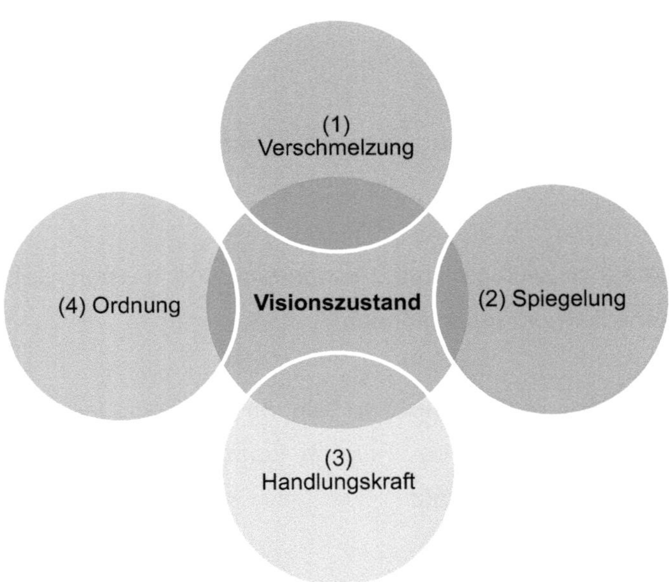

Beschreibung

1. **Verschmelzung**

   Verschmelzung ist ein Erlebnis der „Entgrenzung seiner Selbst“ bei tiefem Naturerleben, Tiefenentspannung in Beziehung und Partnerschaft, ausgefüllter Sexualität, schöner Musik, Ästhetik allgemein, …

   Essenz: Genießen

2. **Spiegelung**
   ist die Erfahrung einer Einheit von Innen und Außen, alles Äußere spiegelt die innere Lage, nichts geschieht zufällig, ...
   Essenz: Innere Führung

3. **Handlungskraft**
   ist das Erlebnis von Vertrauen im Handeln, gelöst, eine ungebremst, fließende „Ich-Kraft“
   Essenz: Freude

4. **Ordnung**
   ist das Erlebnis von klaren inneren Prioritäten, unterstützt von äußerem Ordnen.
   Essenz: Zufriedenheit

Die sieben Arten von Visionen und die Beziehungsebenen

- ☺ Ich mit der Welt
- ☺ Ich mit meiner Ursprungsfamilie
- ☺ Ich mit meiner Familie
- ☺ Ich mit meinem Partner/ meiner Partnerin
- ☺ Ich mit meinen Arbeitskollegen/ Kolleginnen
- ☺ Ich und meine Freunde/ Freundinnen
- ☺ Ich und meine Mitmenschen (Mensch zu Mensch)

Siehe auch Punkt 2.4.1. Einige grundlegende Definitionen: Vision Seite 33.

Beschreibung

1. **Vitalstörung**

   Verschmelzungs- und Genussfähigkeit werden verhindert.

   Essenz: Dissoziation

   Das Entstehen einer Vitalstörung

   Ca. 5 % der Klienten (Westeuropa) weisen eine Vitalstörung auf. Diese entsteht mittels einer großflächiger Tought Form (TF), die einige der Chakren bedeckt. Dadurch verliert die Person den geradlinigen Zugang zu ihren eigenen Gefühlen und Bedürfnissen und auf diese Weise auch zu ihrer Intuition.

   TFs sind „Gedankenformen", die im Rahmen einer emotional außergewöhnlich belastenden Situation, die häufig im Kindesalter von einer Bezugsperson übernommen werden. Dabei handelt es sich um negative und damit einschränkende Menschen- und Weltbilder.

2. **Identitätskonflikt**

Intuition und Entscheidung werden verhindert.

Essenz: Angst

Das Entstehen eines Identitätskonflikts

Mit einer Häufigkeit von ca. 35 % der Klienten (Westeuropa) liegt die Rate deutlich über den Vitalstörungen.
Durch eine schwere TF, die in den ersten 3 Lebensjahren erlebt wurde, entsteht ein Identitätskonflikt. In den ersten drei Jahren entwickeln sich die Identität und damit das Ich. Das Kind trennt sich von seiner Intuition und dabei lernt, zwei ungleiche Verhaltensweisen an den Tag zu legen.

Ein Identitätskonflikt ist ein unbewusster, ständig neu ausgelöster Streit von 7 Anteilen, bei dem jeweils eines der drei Paare über Wege zur Lebensfreude (1 und 2), eines über Wege zur Zufriedenheit (3 und 4) und über ein Trio über Sinn streitet (5, 6 und 7). Der Auslöser ist eine zentrale TF, die jemand als Kind im Alter von bis zu drei Jahren verinnerlicht hat und die die Fähigkeit blockiert, Sinnhaftigkeit unmittelbar durch ein Meta-K zu erfassen[18].

Die Nummerierung der Teile ergibt sich aus Reihenfolge in der sie sich beim abarbeiten melden, nicht in der Reihenfolge des Entstehens.

[18] Hallanzy Annegret: VoVa Band I, Junfermann

3. **Toten-Identifizierung**

   Freude und Handlungskraft werden verhindert

   <u>Essenz: Trauer</u>

   <u>Das Entstehen einer Toten-Identifizierung</u>

   Etwas weniger oft, bei ca. 15 % der Klienten (Westeuropa) kommt eine Toten-Identifizierung vor.

   Stirbt ein Familienmitglied (oder ist plötzlich durch eine andere Form des Ausscheidens verschwunden) ohne dass diese Umstand in der Familie entsprechend betrauert wird, wird eines der Familienmitglieder (meistens ein Kind) sich mit dieser Person identifizieren. Das wird sichtbar am Motto: „Mit meiner Trauer ehre ich diese (verstorbene oder verschwundene) Person!"

   Annahmen für denkbare Konstellationen, die zu einer Totenidentifizierung lenken können:

   - Ein Verwandter stirbt, ohne dass man um ihn trauert.
   - Ein Schwangerschaftsabbruch (egal zu welchem Zeitpunkt) wobei dieser Umstand nicht betrauert und oder verschwiegen wird.
     (Ein später geborenes Kind erspürt „auf geheimnisvolle Weise" diesen Faktor.)
   - Es wird verschwiegen, dass ein Kind wird zur Adoption freigegeben oder weggegeben wurde.

4. **Opfer-Identifizierung**

   Ordnung und Zufriedenheit werden verhindert.

   <u>Essenz: Wut</u>

Das Entstehen einer Opfer-Identifizierung

Ebenfalls bei ca. 25 % der Klienten (Westeuropa) kommt eine Opfer-Identifizierung vor.

Die Opfer-Identifizierung entsteht wenn in einer Familie die Rechte eines Einzelnen nicht respektiert werden, und sich ein Kind mit dem Opfer identifiziert.

In Zukunft kann sich das Kind, ohne damit gänzlich zufrieden zu sein, ständig um Gerechtigkeit sorgen. Selbst dann wenn kein Bedarf gegeben ist.

Der Mensch entwickelt aus jeder Störung auch eine Stärke und somit besondere Fähigkeiten. Erfreulicherweise bleiben diese Stärken auch nach Auflösung der Störungen und Blockaden.

Klienten mit einer Vitalstörung sind nicht „klein zu kriegen“, da sie selber gar nicht merken, wie schlecht es ihnen geht. Sie werken bis zum umkippen. Wenn sie mit ihrer hochgradigen Konzentrationsfähigkeit an etwas dran sind vergessen sie alles um sich herum.

Klienten mit einem Identitätskonflikt sind überragende schnelle Denker! Sie können ein Thema gleichzeitig aus mehreren Nach der Auflösung der TF in der zweiten Phase erkennen sie diese Fähigkeit des parallelen Denkens und gegensätzlichen Beleuchtens. Jetzt wird es aber möglich mit dieser Fähigkeit sofort die eigene Intuition zu erreichen und zu entscheiden, was gerade jetzt Sinn für sie macht.

Klienten mit einer Totenidentifizierung, hängen nicht sonderlich am eigenen Leben und gehören zu den Todesmutigen. Sie haben eine ausgeprägte Fähigkeit zu helfen und zu retten, ohne Rücksicht auf das eigene Leben. Sie können oft in risikoreichen Berufen wie Soldat, Polizist, Bergretter oder Feuerwehrmann gefunden werden.

Das besondere Merkmal eines Klienten mit Opferidentifizierung ist sein ausgebildetes Gerechtigkeitsempfinden. Wenn sie einen Verantwortlichen (Täter) ausgemacht haben, sorgen sie gnadenlos für Gerechtigkeit. Zum Beispiel Richter und Rechtsanwälte lassen sich in dieser Gruppe finden.

Die Ernte dieser Phase kommt wirklich erst an Ende der TF-Auflösung dadurch, dass ein wohlgeformtes Veränderungsziel mühelos bestimmt werden kann.[19]

Der Rapport hat sich enorm vertieft und der Klient besonderes Vertrauen in den Mentaltrainer entwickelt.
Der Mentaltrainers führt den Klienten vom Symptom zur übergeordneten Frage: „Welche Veränderung steht tatsächlich an?“, Die erste Antwort findet sich in einer Vision. Auf diesem Verbindungsweg wird die Opfer- oder Toten-Identifikation bereits geheilt.

[19] Hallanzy Annegret: VoVa Band I, Junfermann

2.5.10. Der dritte Veränderungsschritt

Bestandsaufnahme: „Was hindert mich jetzt die Vision zu leben?"
Veränderung nach VoVa: Von der Vision zum Ziel!

Hier geht es um Fragen wie

- ☺ „Wenn ich diese Vision leben will, was wäre jetzt der erste Schritt dazu?"
- ☺ „Was hindert mich jetzt die Vision zu leben?" oder in der Partnerschaft
- ☺ „Was muss ich von meinem Partner / Partnerin einfordern, damit die Partnerschafts-Vision von uns gelebt wird?"

Ziele für die eigene Person oder Forderungen an den Partner/in werden definiert.

- ☺ Ein solches Ziel wird vom Klienten in aller Regel nicht „wohlgeformt" formulierbar sein.
- ☺ Das, was den Klienten daran hindert, ein wohlgeformtes Ziel zu definieren bzw. eine wohlgeformte Forderung an den Partner/in zu stellen, sind sehr tief liegende, unbewusste und einschränkende Überzeugungen, also „Thought Forms".
- ☺ Thought Forms entstehen während einer emotional außergewöhnlich belastenden Situation, meist im Kindesalter und gewöhnlich von einer Bezugsperson übernommen, die in der betreffenden Situation die „Nerven verliert". Das Kind versucht zu verstehen was passiert und „schlüpft" in die Gedankenwelt des Erwachsenen hinein, wobei es eine „Erklärung" für die Situation aus der Perspektive eben des Erwachsenen erhält.

Die Thought Forms haben folgende Struktur:

- ☺ TFs sind einschränkende Überzeugungen über die Menschen und damit über sich selbst.
  z. B. „Menschen sind manchmal mörderisch, also könnte auch ich mörderisch sein!“
- ☺ TFs sind nicht an Gefühle gekoppelt, deshalb kaum „erkennbar“ oder bewusst erfühl- oder erfahrbar.
- ☺ TFs haben eine körperliche Ausprägung (Anker), die sich als Energieblockade auswirkt.
- ☺ TFs lassen sich in 14 „Gruppen“ ordnen, wobei jede Gruppe eine Kerncharaktereigenschaft blockiert.

Thought Forms und die blockierte Kern-Charaktereigenschaft

Thought Form	Blockierte Kern-Charakter-Eigenschaft
Ich bin willensschwach, feige.	Durchhaltevermögen
Ich bin wertlos, überflüssig.	Begeisterungsfähigkeit
Ich bin verlogen, falsch.	Ehrlichkeit
Ich bin böse, gemein.	Zuverlässigkeit
Ich bin machtlos, hilflos.	Mut
Ich bin doof, unterentwickelt.	Tiefgründigkeit
Ich bin verrückt, komisch.	Sinn für Vollkommenheit
Ich bin kalt, herzlos.	Mitleid, Dienstbarkeit
Ich bin verlassen, allein.	Herzlichkeit
Ich bin ausgeliefert, gefangen.	Daseinsbejahung
Ich bin schwach, ein Versager.	Fürsorglichkeit
Ich bin egoistisch, rücksichtslos.	Opferbereitschaft
Ich bin triebhaft, gefährlich.	Empathie
Ich bin verloren, verdorben.	Sinn für Harmonie

Tabelle 7: TFs versus blockierte Kern-Charaktereigenschaft

Thought Forms und ihre Prävention

☺ Themen besprechen, die Beziehung, Familienzusammenhalt oder Partnerschaft in Frage stellen, und jedenfalls nicht in Anwesenheit von Kindern streiten!

☺ Vor Kindern die Nerven behalten und sie keinesfalls schlagen!

☺ Vorweg mit dem Partner/in die Erziehungsmethodik, Regeln für die Kinder und deren Konsequenzen abklären!

Thought Forms und ihre Heilung (Auflösung)

- ☺ Wie weiter oben schon erwähnt lassen sich TFs kaum (selber) erkennen oder gar heilen da sie nicht an Gefühle gekoppelt sind
- ☺ TFs sind daher nur indirekt zugänglich.
  Beispiel: Wer laufend am lernen ist, sich allzeit mehr Wissen aneignet als wirklich nötig ist und auch noch damit prahlt, könnte von der Furcht getrieben sein: „Ich könnte unterentwickelt, dumm und kläglich sein“

TFs werden in dieser VoVa - Phase ermittelt und aufgelöst:

- ☺ Aufbau eines Settings
- ☺ „Was hindert dich, die Vision zu leben?“
- ☺ Erinnerung an Situationen, Beteiligte und „Botschaft“
- ☺ Bindungsarbeit / Aussöhnung mit einer Bezugsperson
- ☺ Philosophische Überlegung: „Was weiß mein „Visions-Ich“ darüber? Hat es die gleiche Besorgnis?
  Wenn NEIN! Warum nicht UND was weiß das „Visions-Ich“, was diese Erwartung banal werden lässt?“
- ☺ Suche nach dem Corebelief (Kernglaube)
- ☺ Überlegungen bezüglich des Menschen-, Welt- und Gottesbildes
- ☺ Abschlussritual: Übermittlung des Corebeliefs an die Bezugsperson und an das Ich im Jetzt

Der Corebelief, ist das Resultat der Überlegung, was mein „Visions-Ich“ weiß, damit meine Befürchtung (TF) irrelevant (ohne jede Bedeutung) wird.

Die 14 Thought Forms und deren Corebeliefs

Thought Form	Corebelief
Ich bin willensschwach, feige.	Liebe ist die stärkste Macht.
Ich bin wertlos, überflüssig.	Jeder ist eine Bereicherung.
Ich bin verlogen, falsch.	Reine Liebe kommt an.
Ich bin böse, gemein.	Jeder ist geführt.
Ich bin machtlos, hilflos.	Jeder möchte lieben.
Ich bin doof, unterentwickelt.	Liebe ist Entscheidungssache.
Ich bin verrückt, komisch.	Die Schöpfung ist dafür da, Liebe auszudrücken.
Ich bin kalt, herzlos.	Liebe wächst beim Geben.
Ich bin verlassen, allein.	Alle sind verbunden.
Ich bin ausgeliefert, gefangen.	Jeder weiß um die Liebe.
Ich bin schwach, ein Versager.	Jeder weiß vom Ganzen.
Ich bin egoistisch, rücksichtslos.	Lieben alleine macht tief glücklich.
Ich bin triebhaft, gefährlich.	Es ist Sinn des Lebens zu lieben.
Ich bin verloren, verdorben.	Jeder ist aus Liebe erschaffen.

Tabelle 8: Die 14 Thought Forms und deren Corebeliefs

Jeder Mensch kann Probleme haben, sein Weltbild zu ordnen und das ist nicht abhängig von seiner Glaubensrichtung. Der Mentaltrainer unterstützt den Klienten durch entsprechende Fragestellungen, die wiederum mit dem „Visions-Ich“ geklärt werden.

Nachstehende Fragen könnten sehr hilfreich dabei sein:

- ☺ Ausgehend vom Core-Belief: z.B.: „Jeder möchte lieben".
- ☺ „Wenn jeder lieben möchte, warum tun es viele nicht?"
- ☺ "Warum tun sie es nicht jeden Tag?"
- ☺ „Kann es sein, dass Gott Menschen schafft, die gut sind und welche, die es nicht sind?"
- ☺ „Kann somit Gott ungerecht sein?"
- ☺ „Welches ist denn die Schöpfungsabsicht?"
- ☺ „Was hat Gott davon?"
- ☺ „Wer oder was ist der Mensch innerhalb der Schöpfung?"
- ☺ „Was bedeutet das für den Menschen?"
- ☺ „Wie kommt der Mensch dazu dies zu leben?"
- ☺ „Was bedeutet das im Umgang mit anderen Menschen?"
- ☺ „Welche Verantwortung leitet sich daraus ab?"
- ☺ „Brauchen die Menschen einander um Liebe zu leben, zu finden, etc.?"

In Verbindung mit dem „Visions-Ich" werden für gewöhnlich folgende Kernsätze aufgespürt:

- ☺ Die Schöpfung ist Ausdruck von Liebe.
  > Der Mensch und die Schöpfung sind aus Liebe erschaffen.
- ☺ Der Mensch (als Spiegelbild Gottes) entschlüsselt und begreift den Schöpfungssinn.
  > Der Mensch ist sich seiner Selbst als Mensch und
  > Der Mensch ist frei in seiner Entscheidung.
- ☺ Die Schöpfung ist für uns Menschen endlich.
  > Es gibt eine definierte Ordnung.
- ☺ Jeder hat die Verantwortung an der Schöpfung teilzunehmen.
  > Um die Liebe für andere erfahrbar zu machen.
  > **Wir alle sind Mentor oder Mentorin füreinander**.

Die 14 Werte einer stabilen Partnerschaft

Wird eine Partnerschafts-Vision von einem (Ehe-) Paar erarbeitet, so stellt sich in dieser Phase die Frage:

„Wie werden wir diese Vision umsetzen, wie im täglichen Leben einbauen?“

Daraus resultieren die Grundforderungen an den jeweiligen Partner, ausgehend von den bisherigen Streitthemen und Auseinandersetzung. Diese Grundforderung(en) müssen nun „wohlgeformt formuliert werden“, so dass der jeweilige Partner weiß, was erwartet wird. Infolgedessen vermag eine Antwort auf die Frage auch gelingen:

- ☺ Ein klares **Ja** wenn der erstrebte Wert wird von beiden getragen!
- ☺ Eine Gegenforderung die erfüllt werden muss zeigt ein **Jain**, also nicht ganz eindeutiges Ja.
- ☺ Bei einem klaren **Nein** muss dieses hinterfragt werden, denn ein bleibendes Nein würde die Partnerschaft sehr belasten und stellt die Partnerschaft insgesamt in Frage.

Die Wechselbeziehung zwischen den 14 Grundwerte und den 14 Kern-Charakter-Eigenschaften

Kerncharaktereigenschaft **Yang Prinzip (eher Maskulin)**	**Wert (Forderung)**
Sinn für Vollkommenheit	Weltengagement
Tiefgründigkeit	öffentliche Loyalität
Mut	Friedvolle Konfliktlösung
Zuverlässigkeit	Sexuelle Treue
Ehrlichkeit	Ehrliche Auskunft
Begeisterungsfähigkeit	Sexualität
Durchhaltevermögen	Eigene Gesunderhaltung
Kerncharaktereigenschaft Ying Prinzip (eher Femenin)	
Sinn für Harmonie	Erziehungsmodell des Partners/in mittragen
Empathie	Anteilnahme beim Partner
Opferbereitschaft	Ressourcenkonferenz (Geld, Aufgaben, Zeit)
Fürsorglichkeit	Integration der Einbringungen des Partners/in bei Entscheidungen
Daseinsbejahung	Abstimmung bezüglich der Kinder
Herzlichkeit	Antwort auf Wünsche
Mitleid / Dienstbarkeit	Respekt vor den Grenzen des Partners/in

Tabelle 9: Wechselbeziehung Kerncharaktereigenschaft und Wert

Der zugehöriger Wert und seine Bedeutung

Sinn für Vollkommenheit: Weltengagement:
Dabei geht es um die Einbindung des Paares in die Welt, und um Synergie die beim gemeinsamen Handeln über die Kinder hinaus Glück hervorbringt.

Sinn für Harmonie: Erziehungsmodell des Partners/in mittragen:
Es geht generell um den Einklang des Systems Familie, einschließlich, dass jeder vor den Kindern zum anderen Elternteil steht. Einigkeit in der Erziehung und offen für Feedbacks des Partners und bei Bedarf „friedliche Konfliktlösung"!

Tiefgründigkeit: öffentliche Loyalität:
Es geht dabei um die Gewissheit, dass keiner vor dem Partner und noch weniger in dessen Abwesenheit, negatives über den Partner/in. bzw. die Ehe bzw. Partner sagt. Eine Ausnahme ist es wenn einer der Beiden echten Rat bei Freunden sucht und der eigene Wandel im Vordergrund steht.

Empathie: Anteilnahme für den Partner/in:
Intensives, nichtwertendes Zuhören, das Miterleben der Fragen, Sorgen, Gefühle und Erwartungen des Partners.

Mut: friedliche Konfliktlösung:
Keine Schuldzuweisungen und Kritik. Verletzungen werden nur als Hilferuf (wie kann ich mich ändern, um etwas anderes bei Dir auszulösen?) angesprochen.

Opferbereitschaft: Ressourcenkonferenz:

Die gemeinschaftlichen Ressourcen und Pflichten wie Zeit und Geld werden gemeinsamen immer wieder so aufgeteilt, das alle Familienmitglieder gewinnen und jeder das tun kann, was ihm sowieso leichter fällt.

Zuverlässigkeit: sexuelle Treue:
Jeder verhält sich dem anderen gegenüber genau so, dass der (abwesende) Partner jederzeit zuschauen könnte, eben so als wäre er da.

Fürsorglichkeit: Integration des Inputs vom Partner bei Entscheidungen:
Bei allen gemeinsam zu treffenden Entscheidungen, sagt jeder seine Meinung und nimmt auch den Standpunkt des anderen ein, bis daraus eine Synthese gelingt.

Ehrlichkeit: ehrliche Auskunft:
Bei Erkundigung und ohne sich selbst (versehentlich) zu belügen sagt man, wie etwas wirklich ist.

Daseinsbejahung: Abstimmung bezüglich der Kinder:
Eine Ehe oder Beziehung ist natürlicherweise so angelegt, dass daraus etwas entspringt. Man sollte sich einig sein, ob Kinder erwünscht sind oder wenn nicht, was dagegen steht und ob man stattdessen Synergie in einem anderen Bereich kreieren möchte.

Begeisterungsfähigkeit: Sexualität:
Eine zentrale Zutat jeder Partnerschaft ist Sexualität. Ein hohes Alter tut dem keinen Abbruch. Sofern die Anziehung verloren geht, sollten beide erforschen wofür die Entfremdung steht und was in der Partnerschaft ansonsten noch fehlt.

Herzlichkeit: Antwort auf Wünsche:
Eine klare Antwort: „Ja“, „Nein“ „Antworte später“ oder ein Gegenwunsch. Denn (erwartungsfreie) Wünsche sind auch ein Angebot für Nähe.

Durchhaltevermögen: eigene Gesunderhaltung:
Wenn durch einen Partner ein Problem entsteht, grundsätzlich körperlich und psychisch, das die Partnerschaft belastet, ist es dessen Aufgabe, dieses Problem zu lösen.

Mitleid: Respekt von Partner gezogener Grenzen:
Ein NEIN ist ein NEIN! Respektiere das.

Im Wesentlichen bleibt in Phase drei die enge Bindung an den Mentaltrainer erhalten.

Alle TFs, die Visionen blockieren werden der Reihe nach bewusst. Die Auflösung der Verstrickungen mit den zugehörigen Bindungen verwandelt die Blockaden in Lernerfahrungen. Danach ein neuer Durchlauf mit Zielhypnose und im Unterschied zum vorigen mal kann der Klient nun ein wohlgeformtes Ziel formulieren.

2.5.11. Der vierte Veränderungsschritt

Bestandsaufnahme: „Wenn ich nun dieses Ziel habe, was hält mich davon ab, es freudig zu tun?"
Veränderung nach VoVa: Vom Ziel zur Vorfreude!

Während sich der Klient ausmalt, wie er das Ziel umsetzt, wird er vom Mentaltrainer gefragt: „Was könnte Sie noch davon abhalten, so zu sein?" Sodann werden die Bedenken des Klienten in einem kurzen Satz, mit dem dazu gehörendem Gefühl ausgearbeitet. Jetzt wird klar was den Klienten unbewusst gehindert hat Ziele umzusetzen. Die „Gefühlszwiebel" ist erfragt. Beispiele wären: „fixierter Enthusiasmus", „kalte Wut", „lähmende Angst", „leichte Trauer", ...

☺ Beliefs: Definition siehe Kapitel 2.4.1. Einige grundlegende Definitionen

In der vierten VoVa-Phase gilt es Gefühle neu zu kalibrieren, so dass diese normales Verhalten nicht stören. Gleichzeitig werden die drei positiven Gefühle (Ruhe, Kraft, Freude) erlebbar gemacht.

Ein Beispiel:
Ein zwei Jahre junges Kind versucht ihre heftig mit anderen debattierende Mutter erfolglos anzusprechen und wird wie eine Nebensache zur Seite geschoben.

Das Kind entwickelt wütend die Überzeugung „Die Erwachsenen nehmen keinen Anteil an mir". Ein unspezifisches Wutgefühl bleibt während des Älterwerdens bestehen. Es entwickelt ein, „ich muss um jeden Preis im Vordergrund stehen" Verhalten, um die Aufmerksamkeit anderer auf sich zu lenken.

Das **Belief** könnte lauten: „Mühe mit (Fremden) Erwachsenen lohnt sich nicht“.

Beliefs (Gefühlszwiebel) und ihre Struktur

Negatives Gefühl	Zeitperspektive	Grund
Wut	Jetzt	Weil gerade ein mir wichtiger Wert verletzt wird.
Panik	Zukunft	Weil ich mich davor fürchte, dass ein mir wichtiger Wert verletzt wird.
Trauer	Vergangenheit	Ein Wert wurde verletzt.

Tabelle 10: Die Struktur von Beliefs

Prinzipiell lassen sich die drei Grundgefühle auf ein einziges, nämlich Angst zurückführen, obwohl sie auf der Timeline anders wahrgenommen werden.

Den 3 negativen Gefühlen stehen 3 positive Gefühle gegenüber:

Negatives Gefühl	Positives Gefühl	Alle positiven Gefühle entspringen GLÜCK
Wut	Ruhe	Glücklich im Jetzt (alle meine Werte werden geachtet) ergibt **Ruhe**.
Panik	Kraft	Glücklich in die Zukunft blickend ergibt Zuversicht und damit **Kraft**.
Trauer	Freude	Glücklich aufgrund Erfahrungen aus der Vergangenheit ist **Freude**.

Tabelle 11: Positive Gefühle

Alle positiven lassen sich auf Glück zurückführen!

Prävention ist hier sehr einfach zu bewerkstelligen:
Das Entstehen von Beliefs wird verhindert in dem man die Bedürfnisse und Gefühle der respektvoll behandelt und sie dadurch auch gar nicht erst „verletzt“.

Im Großen und Ganzen wird die Bindung an den Mentaltrainer gelockert und aufgelöst. Durch die Auflösung einschränkender Überzeugungen in den Submodalitäten kann der Klient das Zielbild klar erkennen und gar nichts anderes Empfinden als diese selbstauferlegte Prüfung mit einem Gefühl der Vorfreude meistern. Zu guter Letzt erstattet der Klient seinem Mentaltrainer noch Bericht.

2.6. *Andere Techniken*

Mentaltechniken gibt es sozusagen wie Sand am Meer. Und das ist keine Übertreibung. Im Internet finden Sie unzählige Techniken um mentale Veränderungen zu bewirken. Die einen passen besser, die andere weniger. Das hängt nicht unbedingt davon ab, wie gut oder schlecht sie sind, sondern eher ob sie zu uns passen, wir uns angesprochen und wohl dabei fühlen.

Hier finden Sie einige dieser Techniken aufgezählt. Wenn Ihnen etwas gefällt: „Sie kennen ja Google!"

Manche davon kann man einfach zu Hause probieren und Erfolg haben, andere sollte man mit einem Mentaltrainer angehen.

Wenn die Situation sowieso schon verfahren ist, jemand möglicherweise sogar schon mehrfach gescheitert ist, stellt sich ohne Mentaltrainer kaum Erfolg ein und die Situation verschlimmert sich vielleicht noch.

Hier ein Auszug aus dem Buch:
Das Lexikon der Mentaltechniken[20]
Die besten Methoden von A-Z

Entspannungs- und Erholungstechniken

Atementspannung, Autogenes Training (AT), Feng-Shui-Garten, Kurzschlaf, Massage, Meditation, Musikentspannung, Psychohygiene-Training, Schlafhygiene, Schwebebad, Tai-Chi. Tiefenentspannung, Tiefenimagination, Yoga, ...

---

[20] http://www.lexikon-mentaltechniken.de/

Aktivierung, Motivation, Willensstärke

Aktivierung über Düfte, Aktivierungsbild, Atemaktivierung, Eiskaltes Wasser, Fünf-Minuten-Deal, Schmerz, Koordinationsübungen, Motivational Interviewing (MI) nach Miller & Rollnick, Musikaktivierung, Urschrei, Zielsetzung, ...

Konzentration

Aufmerksamkeitslenkung, Flow, Gedankenstopp, Gehmeditation, Gleichgewichtstraining, Handlungsmodus, Joggling, Konzentrierter Blick, Konzentrierter Lifestyle, Koordinationstraining, Mantra-Meditation, Objekt-Konzentration, Reaktionstraining, Zentrieren, ...

Körperorientierte Verfahren

Barfußpfad, Bauchatmung, Bauchschnecke, Befreiung aus dem Kreis, Bewegungsgedächtnis, Bodycombat, Feldenkrais, Focusing, Puls schätzen, Richtungsorientierte Bewegungsmeditation nach C. Bender, Sterngang nach Babinski-Weil, ...

Optimierung von Bewegungsabläufen

Blind, Entkoppelung, Ideomotorisches Training (IT), Luzides Träumen, Mentale Chronometrie, Modelltraining, Observatives Training, Psychomuskuläres Training (PMT) nach Frester (1993), Subvokales Training, Verdecktes Wahrnehmungstraining (VWT) nach Kunze (1971), ...

Pädagogische Methoden

Gordischer Knoten, Hochseilgarten, Jigsaw-Puzzle, Juniorenfirma, Lehrpfad, Marte Meo, Planspiel, Szenario-Technik, Teamteaching, Thesenpapier, Wandzeitung, Warmer Rücken, ...

Projektive und assoziative Mentaltechniken

Aufstellung, Ausdrucksmalerei, Ausdruckstanz, Familie in Tieren, Freewriting, Graphologie, Ich-Kugel-Modell nach C. Bender, Impliziter Assoziationstest (IAT), Lüscher-Farbtest, Picture-Frustration-Test (PFT), Rorschachtest, Thematischer Apperzeptionstest (TAT), Traumdeutung, ...

Selbstvertrauen und mentale Stärke

Erfolgsvision, Handlungsplan, Idol, Inneres Kind, Kognitives Umstrukturieren, Lösungszimmer, Personal Motivational Video (PMV), Reparenting, Ritual, ...

Kommunikationstechniken

Atemschule nach Schlaffhorst-Andersen, Columbo-Technik, Foot in the Door, Große Bitte – kleine Bitte, Harvard-Methode, Sandwich, Smooth-Motion-Sprechtraining, Sokratischer Dialog, Spiegeln, ...

3. Resümee

VoVA ist eine hervorragende Methode erwünschte tiefgreifende Veränderungen im Leben eines jeden Klienten zu etablieren. Durch die umfassende Herangehensweise kann man getrost anbieten

„Darf´s a bisserl mehr sein!“

VoVa übersteigt die Möglichkeiten von Coaching, ist aber nicht für jeden geeignet. Eine Voraussetzung um VoVa den Vorzug zu geben ist völlige Freiwilligkeit und mindestens eine tragfähige Beziehung des interessierten Klienten.

Im Grund genommen ist alles einfach:

- ☺ Es wird das Vorhandensein einer Blockade bestimmt
- ☺ Die Blockade wird analysiert
- ☺ Die Blockade wird aufgelöst
- ☺ Die erfolgreiche Auflösung wird überprüft

- ☺ Eine weitere Blockade auf der gleichen Ebene wird lokalisiert oder
- ☺ Es wird auf der nächsten Ebene weitergearbeitet.

Bei Paaren setzt es voraus dass der Partner einverstanden ist und mitmacht da wegen der beziehungsorientierten Arbeitsweise und Philosophie von VoVa ein vorhandener (Lebens-) Partner strikt mit einbezogen wird.

Niemand kann euch etwas erkennen lassen,
was nicht schon in euch dämmert.[21]

[21] Khalil Gibran: Der Prophet, Über das Lehren

4. Literaturverzeichnis

Birkenbihl, V. F. (2001). *StoryPower.* Landsberg am Lech: mvg.

Claudia Bender, M. D. (kein Datum). *Das Lexikon den Mentaltechniken.* Abgerufen am 25.. 09. 2014 von http://www.lexikon-mentaltechniken.de/

Hallanzy, A. (1996). *VoVa Band I.* Paderborn: Junfermann.

Hallanzy, A. (1997). *VoVa Band II.* Paderborn: Junfermann.

Hellinger, B. (2003). *Finden, was wirkt - Therapeutische Briefe.* München: Kösel.

Kössner, K. (2001). *Die Spiegelgesetz-Methode.* Steyr: Ennsthaler.

Princeton Engineering Anomalies Research. (kein Datum). Abgerufen am 22. Januar 2014 von Princeton Engineering Anomalies Research: www.princeton.edu/~pear/experiments.html

Servan-Schreiber, D. (2006). *Die Neue Medizin der Emotionen.* München: Goldmann.

Vera F. Birkenbihl, C. B. (1987). *NLP Einstieg in die Neuro-Linguistische Programmierung.* Speyer: GABAL e. V.

wallpaperswide.com. (kein Datum). Von Wallpaers Wide. abgerufen

Wikipedia/Atman. (kein Datum). Abgerufen am 22. Januar 2014 von Wikipedia/Atman: de.wikipedia.org/wiki/Atman

Wikipedia/Autogenes Training. (kein Datum). Abgerufen am 22. Jänner 2014 von Wikipedia/Autogenes Training: http://de.wikipedia.org/wiki/Autogenes_Training

5. Abbildungsverzeichnis

Die Abbildungen zwei bis acht stammen von „wallpaperswide.com“ und wurden im Antelope Canyon in der Navajo-Nation-Reservation aufgenommen.

6. Tabellenverzeichnis

7. Anhang

7.1. Tabelle zur Zielhypnose

Wunsch in folgender Form:	**Frage:**
1. Kriterium: Positive Formulierung	
..nicht/niemand/kein/ohne/un-/-los	Was möchten Sie, anstatt...?
Steigerung mit getilgtem Vergleich	Woran werden Sie merken, dass...?
2. Kriterium: Nur ein einziger Wunsch	
X und Y (und Z)	Angenommen, X würde Ihnen gelingen, wäre es wahrscheinlich, dass Sie dann auch Y hinbekämen, oder wäre es eher andersherum...
Um zu, so dass, X damit Y	Angenommen, X würde Ihnen bereits gelingen, woran würden Sie erkennen, dass Sie Y erreicht haben?
Ich möchte, dass ich...	Was haben Sie davon, wenn sie ... ?
Ich möchte, dass Subjekt X...	Welches Verhalten von Ihrer Seite würde es wahrscheinlich machen, dass Subjekt X ...
3. Kriterium: Spezifische Handlung Unselbständiges Verb, können, sein, substantiviertes Adverb	Woran werden Sie merken, dass ...?
Verb mit unspezifischer Handlung	In welcher Form möchten Sie am liebsten ...?
4. Kriterium: Nur 1 Erfolgsmoment	
Immer / zu allen Zeitpunkten x	Erfolgsmanöver: Angenommen, Sie blicken zurück ... Sie haben es geschafft ..., wann war der Moment wo es Ihnen gelungen ist und Sie gewusst haben, wenn jetzt hier ... dann wird es mir immer gelingen ...?

Tabelle 12: Tabelle zur Zielhypnose[22]

---

[22] Hallanzy Annegret: VoVa Band I, Junfermann

Printed by Books on Demand GmbH, Norderstedt / Germany